WHARTON
UNIVERSITY of PENNSYLVANIA

沃顿商学院
时间管理课

穆 然◎著

★修订本★

中国法制出版社
CHINA LEGAL PUBLISHING HOUSE

创立于 1881 年、隶属美国宾夕法尼亚大学的沃顿商学院，不仅是美国真正意义上第一所大学商学院，同时也是世界上首屈一指的商学院。在"2015年美国大学商学院排名"中，沃顿商学院与哈佛大学商学院、斯坦福大学商学院，并列第一。

身负如此荣耀，沃顿商学院可谓不负众望：它不仅是全球 MBA 教育的领跑者，更是世界上第一所专业管理学院。从这里毕业的校友中，更是名人诸多："股神"沃伦·巴菲特、"股圣"彼得·林奇、纽约地产大王唐纳德·特朗普、通用电器董事长琼斯、雅诗兰黛公司董事长兼 CEO 劳德……

毫无疑问，对于这样一所对人类商业发展、现代文明进步做出杰出贡献的学院，我们能够从中汲取无数的营养。其中，源于沃顿、源于实践与实战、对个人生活与人生最具有指导意义的诸多时间管理经验，更是沃顿人能够在竞争如此激烈、生活节奏如此繁忙的现代生活中胜出的关键原因。

其实，沃顿学子对时间的重视，源于宾夕法尼亚大学的创建人本杰明·富兰克林，这位智者早在百年以前便告知世人："时间就是金钱。"多年以来，沃顿人一直追求在最短的时间内创造最多的效益，这种追求时间效率最大化的观点，已经深入每一个沃顿人的心中。不管是已毕业的学子，还是尚在学校研读的学子，他们在时间上往往表现出格外的"吝啬"：每一个人都会依据于自己的价值观，甄选出那些对自我人生最有价值的事情，并依据于此，对个人时间做出最妥善的安排，在将时间浪费减少至最低的同时，提升个人时间收益。

这种"时间收益最大化""时间效率最大化"的观点，恰恰是沃顿人商业精神的最好体现：对时间而言，最重要的一点，不外乎如何更有效地使用它，也就是说，凭其内容的充实与否，来决定其价值。如何更高明地使用时间，以达到能够如沃顿人一样，即使是短促的一点时间，亦可将其成几倍效率活而用之？

成功如巴菲特、彼得·林奇一类的人，其实并没有什么特别的诀窍，他们与一般人最大的不同之处就在于：他们更重视向时间要效率，并且会尽量地活用时间，更能在这方面长时间坚持，不懈不怠。

换言之，他们并非以"量"捕捉时间，而是在有限的时间内，令其在"质"的方面更加充实。这种将时间组织化、模式化、高效化的做法，造就了沃顿商学院在商科方面的出色，也促成了沃顿人在商业领域中的杰出。而这本《沃顿商学院时间管理课》，也恰恰总结的是如何使诸多读者建立从"质"的方面管理时间的意识。

在本书中，你会看到在沃顿已成常规化的时间管理方式，同时，你还会从中发现沃顿人特有的时间价值观。在融合了商业化的投资观念以后，沃顿商学院的时间管理技巧与知识体现出来的，是现代时间管理投资领域中最具有"效率化""收益最大化"的各类方法。如果善加利用的话，它们对个人人生所起到的促进作用是毋庸置疑的。

不过，俗话说，十人十色，由于个人从事行业不同，所以，对于本书中叙述的内容，你可根据个人工作性质、工作内容，进行甄选性的利用，最好的办法是，依据沃顿人出色的时间管理原则，将其进一步改造成适合自己的方式，进而令其在自我人生中派上更大的用场。

归根结底，时间管理是一项极具个性化的问题：如果你能够在本书的启迪之下，更有效地活用自我时间，将自己的时间完全燃烧，那么，你也有可能获得如沃顿人一样的出色人生！

第六章　先做哪一样？想好收益比再投入

第七章　依据希望的结果，具体安排时间

第一章

树立基本原则：让时间因"投资"而增加

善于利用时间来增加自我竞争力，是每一位成功人士人生的必修功课。每一位学子在进入沃顿商学院以后，都会被告之这样的人生管理原则：在个人一生中，其实只是在做一件事——通过投资时间来换取资本，通过资本的增加来换取个人的成功。而时间管理之所以重要，就是因为它能够帮助个人将时间花在可以增值的事情上。

1. 了解时间价值，明确"时间=金钱"意识

时间与我们联系最紧密，却也最容易被我们忽视。经常会听到大家说时间成本，但是真到算成本的时候，有多少人会把时间算到成本里去？

在本杰明·富兰克林的书店里，一个男子问道："这本书要多少钱？"

"要1美元！"

那个徘徊良久的人惊呼道："这么贵！能便宜点吗？"

"没办法便宜了，就得1美元。"这是他得到的回答。

这个很想买书的人又盯了一会儿那本书，然后问道："富兰克林先生在吗？"

"是的，"店员回答说，"他正在印刷间忙着。"

"哦，我想见一见他。"这个男子说。

书店的老板富兰克林被叫了出来。陌生人再一次问："请问那本书的最低价是多少，富兰克林先生？"

"1.25美元！"富兰克林回答。

"1.25美元！怎么会这样呢？刚才你的店员说只要1美元。"

"没错，"富兰克林说道，"可是你还耽误了我的时间，这个损失比1美元要大得多。"

这个男子很诧异，但是为了尽快结束这场由他自己引起的谈判，他问道："好了，现在请告诉我这本书的最低价。"

"1.5 美元，"富兰克林回答说，"要 1.5 美元！"

"天啊，刚才你自己不是说了只要 1.25 美元吗？"

"是的，"富兰克林冷静地回答道，"可是到现在，我因此所耽误的时间和丧失的价值要远远大于 1.25 美元。"

这个男子默不作声地把钱放在柜台上，拿起书离开了书店。

生活中很多人如这位"买书人"一样，认识不到时间的价值。他们有一种错觉，感觉时间似乎是无限的，但事实上时间不仅是有限的，而且还是一种可贵的资源，而成功者们最可贵的本领之一，就是与任何人来往都简便迅捷：他们真正地认识到了时间的价值，并因此而有强大的意志力去杜绝那些饶舌者的打扰。

对个人时间价值进行精确的计算，是沃顿商学院学子们必须接受的一项严肃而认真的训练——教授们秉承这样的原则：唯有如此，学子们才会知道无法有效利用时间的代价。将时间以时、分甚至秒的单位，实现数据化、金钱化，往往会使人更清晰地明白：时间的的确确是有其价值在其中的。

（1）了解机会成本，明确"时间便是金钱"

对于宾夕法尼亚大学的创建者本杰明·富兰克林先生来说，他最直白的表明时间成本观念的名言就是"时间就是金钱"。这并非庸俗的看法。相反，随着社会的发展，在迈入了市场经济的今日，时间越来越有其"经济价值"了。

了解自我时间价值，就需要先明白"机会成本"这一概念。经济学上有"机会成本"一说，这一概念与法律上所谓的"可能利益"概念非常接近，比如，某人不幸车祸身亡，在计算赔偿金时，必须要考虑此人若是活着，可以得到多少利益——此利益即"可能利益"。

生活中的"机会成本"也是同样道理。假设某人正在读书，没有工作，乍看之下，他没有工作，所以其时间成本是零，但是，他虽然暂时没有工作，但只要他想，他依然可以找到工作，所以，他的时间成本其实是如果他工作的话，能够得到的最大收益。

若没有了"机会成本"的观念，在用时间成本衡量事物的价值时便会出现错误。比如，某位律师在同一时间接到了两起委托案件。若仅能两者取其一，此时便不可用普通的时间成本来衡量了。也就是说，若接了这起案件，另外一件就要放弃，其成本自然提高了，当然，其酬劳势必也需要提高，而酬劳既然提高，律师便更不能浪费时间。

如此看来，了解个人时间成本，不仅对提升工作效率极有帮助，而且能够更深刻地使个人明确"时间就是金钱"的事实。

（2）了解时间价值，计算自我时薪

时间价值是以每小时或是每天为单位时间所产生的价值。然而，在某时间内所获得的价值总量（生产量、利益额）等，便可以用下列公式来表示：

$$价值量 = 时间价值 \times 时间$$

更聪明的人会以物理学的方式表示时间价值：

$$工作效率 = 力 \times 距离 \div 时间（某时间内的工作量）$$

从以上公式中，能够明显地看出时间价值。

而这些推论与我们所知的事实相符：工作以及人的一切活动，都可从时间观点捕捉。为了使自我时间价值最大化，我们需要注重自己的时薪。

很多人习惯从年薪、月薪来看自己的收入，但它们实际上是相当有欺骗性的：真正能够决定时间价值的是时薪——自己的单位时间是否更值钱，这才是个人幸福感的最直接来源。

所谓的时薪即平均每小时的收入，事实上，不单是收入，我们对任何事情都需要养成习惯，计算它每小时的价格与费用，这是黄金时间的第一原则。若你可以时常留意这一点，你的时间观念便能够得到极大的改变。

你可以从自己的实际情况为例，计算一下自己获取的时薪。以简单的例子来说：一位教师月工资 4000 元，粗算下来一周薪水是 1000 元，一周工作时间为 20 小时，其时薪便是 50 元。而一位客户经理，其月工资 1 万元，但不仅白天需要跑业务，晚上还需要经常联络客户，陪客户吃饭、应酬，其一周工作时间大约为 80 小时。一周薪水按 2500 元来算的话，其时薪仅为 31 元。很显然，因为工作时间长、工作强度大，教师的时薪高于客户经理。

（3）精准钱事，让时间价值与付出相对比

很多时候，个人感觉很划得来的事情，在经过了时间成本的计算以后，才会发现根本不合算。如何才能更简单地判断事情是否值得付出时间？

达尔教授在研究经济学的同时，发明了一个公式，它可以帮助人们更精准地计算出个人时间价值。这一公式是：

$$V = \frac{W(100-T) \div 100}{C}$$

其中：V 代表一小时的价值，W 为个人时薪，T 是税率，C 是当地生活花费。

据此公式，对美国男人而言，一分钟的价值平均超过 10 美元，美国女性则值 8 美元多一点。

知道了自己每小时的价值，便可以决定到底自己要做饭还是要叫外卖，出门是坐公交车还是要坐出租车。比如，达尔教授每年工资为 25000 美元，那么，他每小时的价值便是 6.44 美元。需要指出的是，这是达尔教授任何一个小时的价值，而不是指其工作时间内的一小时。如此一来，达尔教授做一顿饭要花掉大约 10 美元的时间，再加上购买原材料的钱，以及饭后的洗刷时间，他自己做一顿饭，远比叫外卖贵得多，所以，很显然，达尔教授常年叫外卖是一个划算的举动。

一般说来，个人若工作技术含量较低的话，那么，个人每小时的价值也会较低。在明确了这一钱事基础以后，你便能够更清晰地判断自己在某事上到底是要亲力亲为，还是要找专业人士代劳。

明确了"时间就是金钱"这一事实以后，将自己的时间集中花在那些更有意义的事情上面就成为人生明智的选择。这种"时间 = 金钱"意识的建立，不仅是时间管理的开端，更是个人人生迈入高效的基本原则。

2. 时间资产如资本一般，会以滚雪球的方式增长

不管是从财富计算单位来看时间，还是从积累财富的历程来看时间，明智

者总是会搞清楚这样一件事实：没有任何致富结果是隔夜便发生或者一蹴而就的。这是时间管理过程中一个非常重要的信念，必须要以重要的权威地位来认知，否则，便很容易令个人产生如"一夜暴富"之类不切实际的想法或者做法。

沃顿商学院的经济学家康芒斯·达尔教授在自己的课堂上讲过这样一则事情：

> 有一次，他去参加一个论坛，听到一位公司高层主管非常愤怒地说他一位员工的事情：他让自己的一位普通员工去做一件非常简单的事——给客户送一份文件。因为客户着急使用，再加上时间极为紧张，所以出发前，他特地叮嘱这位入职不久的员工说："打车去，坐公车回。"但却少说了一句，没有告诉他为什么。
>
> 结果，这位新员工去的时候坐了公车，客户那边等得十万火急，而这位新职员回来的时候却是打车回来的。主管自然非常生气，问他为什么不打车去。新职员理直气壮地说，自己是为了节约成本：去的时候感觉打车到客户公司太贵了，所以坐了公车去；回来的时候，由于自己跑累了，所以便打车回来了。

若按大家一贯的金钱标准来衡量的话，会发现在这件事情里，其金钱成本是一样的。但是若利用时间成本去衡量的话，这位新职员便大错特错了——他们对企业在时间成本上的控制以及时间在项目中的重要性并不了解。

若这位新职员按主管所说的方式早早送完文件，那么，很可能客户与公司都会因此而受益匪浅，而在这种情况下，打车去的钱根本就是"拿钱买时间"——得物超所值。而新职员之所以没有这种时间意识，一方面是因为没有意识到时间所带来的利润，另一方面则是因为意识不到时间其实也是人生资本中的重要资产。

将时间视为计算单位时，比如，计算货币的时间价值，以评估证券的价格是否合理；或是推算自己应该积累多少退休金才够用时，都必须要将时间因素加入进行考量。不过,最能够使大众正视的时间资产的价值的名言,是大科学家爱因斯坦所说的:"时间加复利的威力,比原子弹还可怕。"

卡罗尔认为,这是揭示时间资产价值最直接的一句话,而其原因也很简单。

(1)在时间的作用下,利率会不断增长

计算复利与时间的关系有一个非常好用的公式,即源自于沃顿的"72 法则"。不过,很多人运用"72 法则"是计算钱的金额部分,由于每隔一段固定的时间,钱便会增长一倍,在看到钱的增长时,自然会令人开心。可是,沃顿人发现"72 法则"更重要的功能在于计算时间:它可以使我们更理性地去掌控与修正自我积累财富的时间表,同时了解到,时间对于复利的影响到底何在。

首先,我们使用 72 除以利率,便可以得到资产一倍增长的时间。比如,在 6% 的复利投资报酬率的情况下,积累一倍的金额大约需要 12 年的时间;反之,若用 72 除以我们达到财务目标的时间,便是我们积累一倍金额需要的获利率。

72÷投资报酬率=金额积累一倍所需的时间

72÷达到财务目标预计的时间=金额积累一倍所需的利率

事实上,复利并非是以等差级数(1、2、3、4 等)增长,而是以等比级数(1、2、4、8、16、32 等)增长。因此,若拿一块钱为例,使用原始金额为基准点,在利率保持 6% 的固定条件下,从一块钱积累到 2 块大约需要 12 年,但是,从 2 块积累到 3 块仅需要六年,从 3 块积累到 4 块则只需要三年时间——很明显,复利是随着我们能够固守获利率的时间增长的:时间越长,复利便越高。

所以,很显然,时间资本不管是在个人成长还是在金钱投资领域中,都是我们拥有的最重要的资本。首先,我们使用时间资本投资我们的学识与人格特质,而这些都是我们赚取工资收入非常关键的因素。当我们拥有了工资收入,并想要拿这些钱进行投资规划时,我们也要考虑到时间资本的概念。

既然我们已经意识到了时间的价值,我们就必须要学会更有效地运用时间,使自己在运用时间的过程中,获得更多的复利效果。想要达到这样的效果,我们可以参考卡罗尔先生的一些建议。

（2）建立成本观念

经济学非常讲究成本，因此，沃顿商学院在教授相关商业运作技巧的同时，也会让成本观念成为学子们脑海中根深蒂固的一种概念。由于时间本身所带有的资本性，他们强调，对待时间也要如同对待经营一般，时刻要有一个"成本观念"，要算好账。

在生活中，我们常常会看到许多"一分钱智慧、几小时愚蠢"的事例，比如，为了省一块钱而排上半小时的队，为了省十元打车费而步行三站路等，其实这些都是极其不划算的。在沃顿有这样的观念："给小费，有时候为了让服务生给你早些上菜——小费为你赢得了比他人更早进餐的时间。"

在经济学中，就连休闲本身也是有成本的：它的机会成本是放弃了工作所能带来的效益而得来的，因此，那些真正的成功者往往会十分推崇积极休闲，因为"不同的歌声会带来不同的心情"。在他们看来，积极的休闲应该对身心放松、人际交流、陶冶情操大有益处，比如，野外踏青、去图书馆、参加文化沙龙、听讲座、写作、与好友谈心等，都是能够为自己带来好心情、进而换得更多工作时的高效率而进行的。

（3）直奔主题，保持焦点

聪明人永远懂得，直奔主题是保持焦点、远离琐碎的关键。由于我们一次只能踏上一条船，因此，"船"的选择便显得格外重要了。为此，经济学家告诉我们，我们应保持重点，一次只做一件事，一个时期、一个时间段内只能有一个重点——这也是为什么沃顿毕业生、西屋电脑公司总经理迪席勒办公室门上的标语是"不要带问题给我，带答案来"的重要原因。

（4）依据80/20原则

时间如此宝贵又如此有价值，因此，我们永远要将精力集中在那些最出成绩的地方，正如谚语所言："好钢用在刀刃上。"

只要你用心地观察与总结一下便会发现，你得到的80%的帮助来自你20%的朋友，你投入80%精力却只得到20%的收益——我们往往会将大多数的时间与精力花费在并不是非常重要的地方。

这一事实启示我们：为了发挥时间的复利作用，我们有必要找出自我人生中起 20% 作用的那些内容：哪些人为你带来了 80% 的利润？哪些事情给你带来了 80% 的成长？找到这些内容，时间的复利作用便会发挥得更彻底。

当你能够意识到时间资产在复利形式下所产生的巨大作用，并对其善加利用以后，你便会发现，时间所产生的利润正在以滚雪球的方式不断地增加。

3. 从认识方面改变观念，才能让时间投资高效

这世界上有许多想要改善自身经济状况的人，他们想要摆脱贫穷，想获得安定与自由。他们想改变自己的生活，进而改变子孙后代的经济状况，使他们也享受更多的闲暇。但是，他们没有从根本上改变自己的工作方式，从而也就没能做到这一点。他们仍然像时间价值低的人那样去思考，而不是像时间价值高的人那样去思考。

正是由于这种思维方式的不同，导致他们始终未能改变自我时间价值观念，而价值观念的陈旧又使他们一直停留在当前的水平上，心里还纳闷为什么时间匆匆流逝，却唯独不钟情于他们。

在个人时间价值观念改变的过程中，想象一下下面的场景，会有助于观念的加速转变。

假设你工作 1 小时挣 25 块钱。一天，老板告诉你："给你个好机会，你每周多加 10 个小时的班，给你 500 块钱的加班费！"

500 块钱！你会觉得难以置信。当然你会去加班，因为每周能多赚 500 块钱！于是你埋头就干：先是做好分内的 40 个小时的工作，然后再加班 10 个小时。

可是接下来情况会如何发展？最有可能的事实是，在如此快乐而心甘情愿地加班几星期以后，你开始认真地考虑老板的这一安排，并开始思考

一些之前没有想过的事情。为什么会出现这种转变？因为你突然看到了自我时间的真正价值是多么宝贵。

转念之间，你思考的不再是出卖时间去换取报酬，而是思考如何实现自我时间价值的最大化。

通过对意识变化研究，沃顿商学院总结认为，一旦个人改变了自己的时间价值或者他人改变了你的时间价值以后，便会逐渐地形成更可贵也更正确的时间价值观念。

（1）从时间价值的改变，带来对待时间的态度的改变

当你改变了自我时间价值以后，在个人对待时间的态度上，你会经历如下5个阶段：

①更积极地工作

你会更积极地对待自己分内的工作，同时腾出时间给那些更高价值的工作。

②野心膨胀

"我是否能够多加会儿班？"因为看到了时间带来的利益，你会意识到，如果你做好计划，那么，这样连轴转的工作只持续几年时间，但是，你的个人收入却会成倍地增长。

③意识觉醒

因为有了新的对比，你会纳闷："为什么我分内工作的前40个小时那么不值钱呢？"这样高薪的加班时间用不了持续多久，你就会意识到，自己前40小时的工作报酬太低了——低到你甚至会认为你的老板在虐待与剥削你！

④自我调整

你会开始思考："每小时价值500元的人是怎样工作的？"很快，你会逼迫自己不断地像每小时价值500元的人那样去思考、去做事。这意味着你的态度与习惯发生了巨大的变化。事实上，这可能会彻底地改变你的世界观：若接下来你需要再去做一些有关时间的决定，你会更加深思熟虑："我的时间不能浪费，更不能廉价出卖，我需要用这些时间去干些大事！"

⑤加速前进

为什么要工作那前 40 个小时？最终，你会恍然大悟：为什么不雇他人去做，以将精力与时间集中在更宝贵的事情上呢？毕竟，还有每小时赚 20 块钱的人呢，他们看到每小时能赚 30 元的机会在，能不抓住吗？

为了使自我时间价值持续提升，你养成了一些新的习惯，这些习惯会不断地影响你人生中的每时每刻。同时，你会突然发现，自己已经置身于那些不断前进的人之中——即使再经历失败，你也不会再认为自己是时间价值低的人了，因为有了成功的经验，你不再允许自己的时间价值被低估。你会做出正确的决定，制订出新的计划，以重新构建时间价值，使自我人生迈入新的高峰。

（2）明确自我主宰观念，建立加薪意识

上面的例子的确很激动人心，但它的发生有一个前提：老板给了你一次多赚钱的机会。但这种事情发生的可能性太小了——我们不能等待他人给我们机会，而是要自己去创造认识时间价值的机会。

但是，很多人会被灌输这样的思想：你要询问他人，才能知道自己的价值。比如，在求职面试时，很多人在等待面试官给出自己的报酬定价。但事实上，真正能为自己的时间赋予合理价值的人是你。

在现实生活中，有这样一种关于工作与薪水的说法："不论你从事哪种工作，老板支付给你的薪水是刚好能让你不辞职。"不论你是上班族，还是小时工，你的报酬总是由市场供求而不是你的真正价值决定的。但事实上，这种做法恰恰是公司获得廉价人力的最基本做法：他们在鼓励平庸、限制优秀，使员工无法提升自己的时间价值。

因此，你必须要从自我意识中建立起加薪意识，使自己成为决定自我价值的那个人，否则，你便永远只会成为他人的廉价委托人。

（3）制订计划，给自己加薪

如果你真的想要实现给自己加薪的目的，那么，柯林斯教授的建议可能会对你有些帮助。

①确定自己有多少需要，并计算出满足这些需要要用多少钱

你想要新房子吗？你想让爱人过上有闲阶级的生活吗？你希望自己的后代考上好大学、轻松地完成学业吗……每一个梦想的实现都需要金钱，而将其计算出来是让金钱梦想成真的第一步。

②每周留出 10 小时，用于创造价值

实现你的梦想可能需要每年多赚 20 万元，那么，你每周就要多赚 4000 元，即在这 10 小时中，你每小时要赚 400 元。

③找一个能满足你需要的公司或者工作

若你的老板不肯给你加薪，那你只有自己找个生意做，给自己加薪。你可以在下班后做这项生意。如果生意发展顺利的话，你可以辞职，全力投身其中。

④通过不同思维掌握不同工作方法

随着个人职业的发展，你学会了通过不同的思维方式掌握不同的工作方法。你很快就会意识到，以前用"时间换金钱"的工作方法永远无法使你充分挖掘自己潜在的时间价值。

⑤让新观念、新朋友、新方法加速自己的时间升值

那额外的"10 小时"会很快改变你的全部生活，你会发现，即使你没有辞职，保持了自己现有的工作收入，但因为有了额外的"10 小时"，你的时间变成了更有价值的商品，而你的人际也因此发生了改变，你的人生因为新计划、新朋友、新发展方向的出现而全面改观。

很显然，从改变观念入手，进而改善时间管理技巧与计划，并将其扩展到整个人生的改观——这是一项可行的计划，同时也是唯一一项能够让你获得更高时薪的计划。

4. 仅靠节约是没办法赢在时间管理的

很多人会误以为时间管理的中心思想在于节约时间，但事实上，生活在数

字化的年代里，大多数人的生活非常忙碌，虽然有了各色日程安排、备忘录、电脑以及手机等各种提醒软件，还有形形色色的时间管理理论来帮助节约时间，但很多人依然感觉时间不够用，或是对日程表上的很多重要事情常有心有余而力不足之感。这种现状的存在，其实在揭示着时间管理的另一个本质：仅靠节约是没有办法赢在时间管理的，想要真正地实现个人理想化的生活，我们就需要在时间管理的基础上，实现对个人能量的管理。

迪隆本人深受沃顿时间管理思想的惠及：在接触正确的时间管理以前，他几乎陷入了精疲力竭的状态中。

"生活是一场马拉松，而不是一次冲刺！"

"这是我的长期任务，我必须要坚持下去！"

"现在不能停止努力——我已经能够看到终点线了！"

"等退休以后再享受睡眠好了！"

若你与迪隆那执着的个性有相似之处的话，那么，你在努力将一个大项目或者一种商业构思变成现实时，肯定也自我灌输过上文那些激励性的语言。很多想要让自己的时间管理更出色的人们往往会试图照顾好生活与工作的每一个方面，包括自己的身体健康、社会交际、家庭与家人，并在所有的压力之上保持愉快的心态。

但这种对个人过分的奢求使迪隆陷入了长时间的倦怠之中：他已经在一个大型项目上努力了超过两年的时间，在最后的几个月时间里，为了更好地完成工作，他加大了工作强度，并近乎偏执地将自己全天候投入在这一项目上。最后的一段时间里，他感觉自己已经处于马拉松赛跑的最后三里路上了——终点就在眼前，眼下根本没有时间去休息或放松！

由于他一直不想让自己停下来稍作休整，所以，时间狠狠地惩罚了他，强迫他停下来休息。虽然他明明知道自己还有无数重要任务去做，而且，付出两年多的项目眼看就要完成了，可是，他依然陷入了一种无力与痛苦的境地中：就算之前迪隆对生活充满了激情，但中途缺乏休息却导致了他在项目成功以前彻底的崩溃。

与我们平日里经常听到的那些励志语言相反的是，将人生与事业看成一场马拉松并不是最有利于我们的观念——它可能会让你在靠近成功的那一瞬间精疲力竭，最终让你与成功失之交臂。

因此，在管理自我时间的同时，我们也需要意识到，通过各种各样的方式来节约时间，并将时间完全地投入工作过程中，并不能使我们的生活因此而变得更加美好。沃顿人认为，与其将工作与生活看成一场马拉松，不如将它们看作一次次的冲刺与恢复的过程，而恢复则是这过程中的重中之重。

我们都知道，未来自己将会有重大的冲刺阶段，这也是一个大型项目或者大型的计划会令我们感觉兴奋的原因，但同等重要的是，仅靠节约其他项目或者生活内容上的时间是没有办法帮助我们的时间变得拥有高价值的，只有恰当地为自己设置同等分量的恢复期，我们的时间才会使个人精力得到恢复，进而产生更多的价值。沃顿人认为，这种恢复期的设置可以通过以下五个方法来获得。

（1）安排好时间

不管你是否已经意识到了自己需要休息，你都要为休息或者娱乐项目提前安排好时间，并且要严格地遵循这一时间表。

（2）将自己认为需要的休息时间加倍

你可能会在看到上面的话以后，便立即下定决心："好，我会给自己一定的休息时间——现在，我要让自己休息整整一个小时！"但这并不够。不管你认为自己需要多少时间去休息，你都应该将其加倍：你很可能会低估辛勤工作给你的身心健康所带来的伤害——就算你自以为在工作中获得了无与伦比的乐趣，它依然会耗费大量精力与体力。

（3）召集你的朋友与家人

若你个人计划中的周末短途旅行有家人或者朋友参加的话，那么，你就没有理由放弃休息，而是会安下心来享受时光——在充分休息这一点上，家人与朋友往往会成为很好的监督者。当然，若你有孩子的话，孩子们起到的监督作用将会更大。

（4）将娱乐活动与休息所带来的好处一一列出

就算你不情不愿地休息了一段时间，回到工作岗位上，你的精神面貌也会焕然一新，你的心情会更加愉快，你会变得更有创造力——如果你有过这种经历的话，你便会明白，这让你在重返工作以后，可以以更好的状态完成工作。

那么，列出休息、娱乐活动所带来的好处，以及你最喜欢的休闲活动，可以激励与提醒你按计划进行休息。

或许你已经习惯了忙碌的生活，并因此而不知道自己要做怎样的业余活动，那么，你可以将那些能够让自己感觉惬意或者愉快的活动列出一个清单：阅读、瑜伽、品尝红酒或看一部搞笑电影……这些都是不错的选择。

（5）学会定量，完成以后奖励自己

在每日将你的总目标进一步分解为可完成与可测量的各类小任务，并据此列出了庞大的待办事项清单以后，千万别忘记在名单末尾加上一点可以令自己开心的奖励。这些奖励可以是去吃一顿好吃的料理，读一些娱乐八卦，读一本自己喜欢的书，或者与朋友一起去疯狂一下。

我们中的很多人都只有在完成大型任务时才会休息一下——但大型项目或许需要一个月甚至数月、数年的时间才能完成。相比之下，将大型任务分解成相当数量的小任务，可以让你在到达每一个阶段里程碑时都有奖励自己的理由。

所以，当你在继续下一个艰巨的商业计划时，记得给自己在通往结果的过程中设置一些"休息站"。若你已经这样做了，你可以对照上面的清单自查一下：我是否还缺了什么没有做到的部分？或者我是否有其他可以保持休闲与工作两不误的方法？通过这些方法，迪隆使自己的时间与精力达到了平衡，相信你若坚持这样的方法，也会获得同样的成功。

5. 找出自己的"时间投资动机"

时间对人而言有两个特征：流逝性与流转性。在经济社会中，每一个人的单位时间刻度都可以被换算成相应的财富数量刻度，或者反过来说，每一种财富资源的背后，都凝结了不同的时间含量。因此我们可以发现，那些真正的资源与财富，其实是每一个人都拥有的有限的时间。

为了最大限度地占有时间资源，我们往往会通过自我健康管理、运用时间管理工具、运用与他人合作等方式增进个人时间，而其中最有效的方式，则是直接支配他人的时间。这种让他人为自己的目标服务的动机，不仅是沃顿人将自我生命能力放大多倍的直接途径，同时也是他们进行时间投资的最大动机。

身为沃顿最有价值的管理学专家，巴特·布朗宁教授始终贯彻着自己独特的教学理念：非必要的情况下，他是不会站到讲台上去讲课的。凭借着自己多年来积攒下来的管理经验，布朗宁教授在学院中是少数可以拥有三位助教的教授。对于一般的管理课程，他从来不会花费时间向学生们去讲述，而是会请自己的助教代劳。

当有学生对此提出质疑，并指出，自己之所以选择布朗宁教授的课程，就是冲着他的名声而来的，可是其本人少得可怜的教学课程，使学生们向其学习或者说观摩的愿望落空了。而布朗宁教授给出的解释也非常直白：在他看来，自己的时间是宝贵的，学生们的时间也一样，若有办法使两者的时间都能够实现投资最大化的话，那么，自己的课程才算是真正有价值——"这恰恰也是管理学的动机：借用他人的力量使自己的时间与精力翻倍。"

布朗宁教授的看法不仅透露了管理学的本质，同时也指出了时间管理的目的。没有动机是时间管理中的最大禁忌，同时也是时间管理过程中最容易被忽略的。动机越明确，便越容易在时间的选择上做出明智的决定。在最重要的事情上投入的时间越多，所获得的进展与回报便越大；成就越大，便会有更多的自我肯定，同时准备自我超越的欲望也会越强。如此一来，一个人便会通过"时间管理"这一具体的渠道，使自己处于一个不断上升的螺旋轨道上，不断地向一个又一个更高的目标发展。

虽然说几乎每一个人都清楚地知道明确动机的重要性，但是，现实生活中极少有人认真考虑并明确自己的动机，其中一个最常见的原因就是惰性。我们已经习惯了去做一些对改善人生、个人提升意义并不大的事情，却很少花费时间在诸如"找出个人时间投资动机"这么重要的事情上，因为这是一项需要长期坚持才能够看到成效的事情，而我们中的大多数人习惯于短视：我们更喜欢做一些立即就能够看到效果的事情。

另一个原因就是，在其他一些方面，我们曾经为自己找出一些动机，但却极少能够坚持下去，结果我们再也没有信心或者没有兴趣去找出其他领域中的动机，并开始感觉，自己因动机而制定的一些宏伟目标简直就是异想天开。

许多人都知道在自己的人生中应该要做些什么事情，却迟迟未能行动，原因就在于他们缺乏行动的动力。一旦找出了这种源动力，大脑便能够自动锁定那些达成个人目标所需要的资源，进而引领个人实现目标。

令人心动的未来方可激发成长的欲望——你投资时间的动机是什么？寻找这一答案并不难。布朗宁教授提供了一套完整的动机发动程序，以下是它的具体步骤。

（1）确定你想要的究竟是什么

布朗宁教授认为，我们利用时间做得最糟糕的事情就是，将根本不需要做的事情做得非常圆满。什么是我们需要做的事情？这就需要你依据自己的人生目标、职业目标或者其他自己急需提升的地方来展开思考。这与个人管理学家斯蒂芬·柯维的看法一致："在你开始攀登成功的阶梯以前，你要首先确定你的梯子没有搭错地方。"

你可以决定自己究竟想要什么，也可以与你的上司、老板坐在一起，就自己设定的人生目标进行讨论，直到你彻底地弄清楚自己到底应该做些什么、应该按照怎样的顺序来做这些事情为止。

令人难以置信却又真实存在的事实是，很多人都在日复一日地做着那些毫无价值的工作，因为他们从来没有就此与自己的上司进行过认真的探讨。事实上，你之所以应该找上司与老板，是因为他们在很大程度上比你更清楚你能够干什么、你应该做什么。

（2）将你的动机写下来

将你的想法付诸笔端——当你将自己的动力写在了纸上以后，你为自己找到的动力便清晰化、具体化了，通过这一步骤，你创造了一个可以看得见、摸得着的东西。另外，若动力未能以书面的形式记录下来，那么，它便更多地只是一个空想与愿望，没有任何的生命力。没有以书面形式记录的动力将会导致模糊、混乱、迷失方向，甚至会让你接下来的行动陷入错误之中。

（3）为你的动机设定一个完成的最后期限

一个动机或者决定若没有应该完成的最后期限的话，就意味着这一动机其实是没有紧迫性、没有真正的起点与终点的。若没有一个最后期限，以及相应的、应该完成的任务，你在利用这些动机做事时，也往往会不由自主地拖沓起来，你的工作效率自然会非常低下。

（4）将你可以想到的、加大动机所需要做的事情都列出来

动机并非一成不变，事实上，它也在遵循着"能量守恒定律"：开始时，你的动力满满，但随着时间的延长，你的动机会越来越少。因此，你需要不断地为自己的动机增添"能量"，而这一"能量"最好的来源就是改善人生所需要做的种种事项。

每当你想到了能够加大动机的事情时，便立即将其添加到自己的清单上。不断地充实自己的清单——直到你某一阶段的人生目标实现为止。这样一份清单，可以使你的眼光更加长远，它为你的人生建起了一套持续的动力提供系统，再加上你将这些目标付诸笔端，并设置了实现目标的最后期限，你实现自我目标的可能性也大大提升了。

（5）对你的动机清单进行整理，令其成为一份计划

面对自己整理出来的"动机清单"，你需要花费几分钟的时间，粗略地考虑应该先做什么、后做什么。当你能够将自己的动机分成一个个的具体任务时，你会惊讶地发现，看似宏大的动机其实完全可以化解成与生活相关的一件件小事。

制订了书面动机与使动机最大化的行动计划以后，你的工作效率、行动速度与那些只是将想法放在脑子里的人相比，会大大提升很多。

动机清单一旦被制订成计划，接下来的事情便是通过行动将其进一步地现实化、具体化。在随后的动机实现过程中，你应该明确这样的做事态度：一旦开始行动，便要尽量保持这种状态，不要中途停下来——凭借着这种决心与强大的自律，你便能够通过具体的时间管理，成为同辈人中事业最成功、工作最高效的人之一。

6.六大流程，通过时间管理建立承诺力

我们不断地强调时间管理对于人生的重要性，但极少人明白时间管理到底管理的是什么。说它管理的是个人人生、自我、效率、精力、梦想或计划……其实这些内容都对，但它们都不是最核心的——时间在管理的，是我们对自己的承诺。

乔恩发现，自己答应他人的事情经常会忘记——这让他给人留下了"不靠谱"的印象，"爱失信于人"成了他的"个人标签"。可是，乔恩本人并不这么认为：每一次自己应承下来的事情，其实都是想要竭尽全力去完成的，但最终因为某些原因而失信。这种情况不仅出现在对他人的承诺上，同时也出现在对自己的承诺中。

像乔恩这样的人活得并不自在，他们在时间与心理的双重压力之下，往往非常痛苦，而痛苦的原因就是没有处理好承诺——在一个"信用即生命"的年代里，不管是对他人失信还是对自己失信，其实都是极不划算的举动。

在研究了诸多的时间管理与商业管理案例以后，嘉利教授总结出了一套"承诺力"流程，她依据收集、加工、组织、排程、行动、检视六个流程，说明了如何通过每天的时间管理与一个人落实执行的习惯，进一步积累个人承诺力。

（1）收集杂事

利用时间管理增强承诺力的第一个流程是"收集"：我们必须要将杂事做100%的收集，才不会使杂事在潜意识中形成压力，使自己无法好好休息。

杂事就是我们的电子邮件、会议记录、微博、微信、传真等每日传来的讯息，或者我们自己每日记录的思考碎片。科技的发展导致个人讯息全面碎片化，想要拥有承诺力，第一步就要是做到完整的收集。

因此，我们需要对我们收集杂事的"收件匣"进行仔细的规划，辨明我们与最常互动的伙伴惯用的工具，并将之作为收件匣，建立起清空收件匣的机制与时间安排，进而将这些杂事加工成行动与提示，这样才不会使它们永远地塞入收件匣中。

（2）加工杂事

将杂事进一步加工成行动需要两个层次的思考，我们可以用沙漏来进行比喻：

- 第一个层次是"一次一件事，一次一粒沙"，这代表我们每次只能将一件杂事加工成行动；
- 第二个层次是我们要处理的杂事量大，需要使用批次处理才会有效率。

杂事就如同沙漏中的沙子，是否可以顺利地通过瓶颈，加工成下半部的行动事项，往往决定着个人承诺力的高低。想要达到这两个层次，就需要我们按两个步骤来走：

①依据公式思考关键人物

想要将杂事变成行动，我们可以依照一个简单的公式来加工：

$$行动 = 主词 + 动词 + 关键人物 + 事情$$

想要完成一件事，99% 的行动都在于收集不足的资讯，而最佳品质的资讯往往存在于人的身上。因此，遇到一个杂事，你可以问自己两个问题：

- 下一步的行动是什么？
- 谁是关键人物？

同时，思考与这一关键人物要使用哪一个动词来连续，这样便可以想出下一步的行动来了。

②遵循"两分钟原则"

上面是将一件杂事加工成行动的办法，但是，我们往往会有数十、上百件杂事在收件匣中需要加工，因此，我们必须要学会一些批次处理杂事的方法。嘉利教授认为，"两分钟原则"是一个不错的选择。

"两分钟原则"即，在批次加工杂事的过程中，若是两分钟以下的问题便不用加工了，直接完成即可，这样更省时间。

除此以外，我们还要明白：大部分的杂事其实并不重要，直接丢弃即可。

在加工这一过程中，掌握了这两个要素，便可以使加工速度大大增加。

（3）组织流程

组织就如同一个个的容器一般，必须要装载各种资料、行动、行事历、任务等，且每个人的每日工作状况不同，因此，涌入的讯息模式也不同，需要使用不同的工具组合来回应，并将其结合起来，自然可以发挥更大的时间管理效果。

当我们做好了各方面的讯息收集与加工的工作以后，建立起自己的讯息系统，并搭配合适的工具，养成每周检视的好习惯，个人讯息组织自然可以更好地运作起来。

（4）事件排程

我们每天要找出最重要的事情，并将这些事情放在最有精力、最适合的时段来完成。嘉利教授指出，集中精力将那些对自己最重要的事情彻底而完美地解决，是获得幸福的关键所在。

在排程的过程中，使用有效的工具规划未来几天重要的事项，同时做好未来几天内的行动清单，并在空档的时候进行批次处理，留下规划"每日待办事项"的时间，配合相应的方法，来完成最重要的事项，并完成那些例行事项，我们便能够让自己的行动更加有效。

（5）立即行动

嘉利教授认为，时间管理讲穿了，其实就是一句话：将想做的事情写下来，将写下来的事情完成。大多数人在一开始时，其瓶颈在于后半部：他们未能将"写下来的事情完成"。

另外，个人产出往往是有限的，所以，在估算一天生产力的基础上，通过个人监督与有效的时间管理工具来提升个人行动力便显得尤其重要。此外，在工作时，除了将最重要的工作率先完成以外，将困难的工作一件件地列出、完成，也可以大大增加我们的承诺力。

（6）检视自我

检视承诺力是时间管理的最后一步，它可以分为以下几个层次来说：

①写日记、列内容：每天通过写日记或者简单地列出成功条例的方式，可以让你清楚地看到，自己今天的承诺力如何。

②每日检视：在有效地行动以后，便应该检视一下每日待办清单，清空收件匣，看看行事历，了解一天做事的状况，并思考明日应该如何排程工作。

③每周检视：每周都应检查一下个人提醒系统，看看各项任务的推动状况，整理一下我们的行动清单与任务清单，使整个系统与真实的世界同步。

以上六个流程可以视为"承诺力"系统：该系统可以反复地操作，不断地增强个人"承诺力"。坚持下去，便能够使你逃离"说到做不到"的痛苦，成为一个真正的时间管理行动家。

7. 将必须要做的事花费的时间扣除以后，才是时间管理

管理时间、令时间拥有投资效应的秘诀在于，永远都做那些最拥有生产力的事情。想要消灭时间杀手，你便需要对自己的工作重点进行清理，将所有的工作重点找出来以后，再进行具体的抉择。

更重要的是，人们误以为时间管理就是对所有的时间进行管理，但事实上，将必须要做的事情花费的时间扣除以后，对剩余的时间进行管理，这才是时间管理的真谛。通常情况下，这种剩余时间的杀手是自我，因此，唯有设法约束自我，才能够令时间管理更顺利地进行。

曾有一段时间，坎伯兰认为时间管理对自己根本无效：他曾经有一段时间深陷于各种时间管理工具的利用之中，但结果却极其糟糕：他原本就忙乱的生活因为要处理各类时间管理工具，而变得更加忙乱不堪，而其原有时间被大量占据，以至于他连最基本的工作都完成不了。

为什么别人展开时间管理时那么有效，而自己的时间管理却如此失败？当他向好友伯纳特求助、并告之缘由时，伯纳特哑然失笑：原来，坎伯兰将所有的时间都误当成了可用于自由规划的时间，如此一来，其固定的工作时间自然会减少，混乱也将不可避免。伯纳特告诉坎伯兰，他只有将那些必须要做的事情花费的时间扣除以后，才能够开始正确的时间管理，而想要做到这一点，他可以从书写自己的日程表开始。

在时间管理领域中有一条"帕金森定律"，此定律显示，人始终会根据任务的最终完成期限来对自我工作速度进行调整。假如一个人知道自己有一个月的时间去完成某项工作的话，他便不知不觉放慢自己的工作速度，转而将整个

月的时间都用在此项任务上。但如果有人告诉他，这项工作必须要在一周内完成，他便会对自己的工作状态与工作速度进行调整，以此来保证自己可以在一个星期中完美地完成任务。这便是建立自我时间管理日程表的重要性，它会让你在特定的时间内去做特定的事情，并会让你了解到自己在这一时间段内所能达到的最佳做事效果。

（1）正视日程表所带来的自由

许多人厌恶日程表，认为它们夺走了自己宝贵的自由。的确，按日程表来行事会降低生活的灵活性，但是若认为日程表将人变成了它的奴隶，那便大错特错了——这种错误其实源自对自由的理解。

事实上，现实生活中有几种不同的自由，若混淆两种类型的自由，便会出现上面所说的误解。

- 人们提到自由时，往往指的是选择的自由。这种自由是指，我们可以按自己的意愿，做某件事，而不做另一件事。反过来讲，一个自由的人不会被迫做出违背意愿的事，这是一种消极的自由。
- 第二种即沃顿人提倡并反复强调的、更重要的自由，是实现自我、控制自己行为的自由，它是一种积极的自由，因为它通向的是人的目标。它可以表达为"自由的意愿"，这是一种更加高级的自由，同时也是"成为自己想要成为的人"的自由。

不过，若只是肤浅地理解这种自由，便很可能会认为它与第一种自由是相对的，甚至本身是无自由可言的。导致这种想法产生的原因是，在现实生活中，为了实现更远大、更美好的目标，我们往往会需要放弃当下的欲望。

比如，在一个阳光明媚的星期天上午，你或许不想去参加提升电脑操作能力的培训班，而想好好地出去玩一玩。从第一种自由的角度来说，你当然可以选择自由地出去玩，但是，不上课很可能会导致你在职场上落于他人之后，或者学不到该学的东西，无法接到更高级的任务，而这也恰恰是学习的不自由所带来的美好结果：学习能够令人获得更大的自由，新知识能够令人更好地完成人生目标。

这些有关自由的言论是为了开阔我们对时间管理的看法——时间管理所带来的结果就是以一定的不自由换取更大的自由，而这种更大的自由不仅包括了时间上的自由，更有财务上的自由。那种仅仅将自己限制在"自由"的狭窄定义内："自由就是想做什么便做什么"的看法，只会让自己无法接近时间管理的本质。只有将自由看成"完成自我设定的人生目标的能力"，我们才能够利用时间管理实现自我提升。

事实上，若不约束与控制自我行为，令其与目标符合，我们便永远无法达到人生目标。也恰恰因为这样，日程表变得非常重要：它令我们可以有计划地运用时间，以达到自己的最终目的，实现更高层次的自由。

（2）遵循原则，写作个人日程表

想要写一份日程表，没有固定的方式，你只需要遵循一些基本的原则即可。

①在开始前，找到合适的工具

你可以使用一张 A4 纸，一个日程计划本或者电脑来记录自己的日程表。

首先将自己一天的时间分为几块，比如上班的时间、吃饭的时间、睡觉的时间，然后再对这些时间块进行具体的划分。

②写日程表时，目标应现实一些

日程表的目的是帮助个人更好地安排时间、达到目标，因此，不可将日程表写成做不到的愿望列表，那样只会令你被自己不切实际的计划挫败，并因此对坚持时间管理彻底失去信心。

③灵活地执行日程表

一般来说，你只需要将自我时间的 50% 计划好，而剩余的 50% 则属于灵活时间，用来应对各类打扰与无法预期的事情。这是因为，实际执行的过程中，事情总是会发生这样或那样的变化，令你不得不偏离已制订好的计划，若时间表制定得过于精确，反而会失去实用性与机动性。当然，当你能够彻底地贯彻已制订好的 50% 的时间计划后，你也可以将这一时间份额逐渐地增加到全部时间的 60%、70% 甚至更多。

④每过一段时间便对日程表进行一次全面评估

每过一个星期或者两个星期，便对日程表进行一次重新审视，看看它到底起了多大的作用，是否定得过高或者过低，我们要如何改进它，然后再进行必要的修改。

若你之前从来没有好好地计划过自己的时间，那么，制定一份合适自己的日程表会有一些困难。不过，时间管理与其他事情一样，你做得越多，便会做得越好，关键在于，你应该首先坚持大约 30 天的时间，以这 30 天为基础，逐渐养成管理时间的习惯。若在 30 天的时间里，你很好地坚持了自己的日程表，那么，你便能够从它显著的效果中增强信心。

（3）观察自我时间使用办法

你不需要实施书中所提出的每一种方法，就如同在超市购物一样，你只需要选择自己喜欢的、适合自己的便可以，你还可以按自己的需要去改变、组合一些方法。

接下来，使用一整天的时间去观察自己，并尽可能详细地记录你所做的事情、每一件事情的起止时间、具体的效率与自己的感受。

在观察自我使用时间情况时，一定要找出并将以下几点记下来：

①你通常用哪些方式浪费时间？

②你在什么情况下效率最高？

③你在什么时候效率最佳？

想要达成某个目标，我们往往需要反复地计划、实施与修订，并进一步形成这样的循环图：

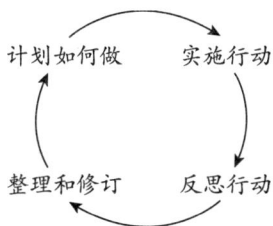

计划如何做 → 实施行动 → 反思行动 → 整理和修订 →（循环）

我们能够从其中的任何一点进入这一循环之中。

（4）坚持填写每日计划表格

下面是一份用于每日计划的表格，每天在固定的时段（比如睡觉以前）填写，第二天用这份表格提示自己。运用"计划的循环"，坚持一个星期，你管理时间的能力便会得到一定程度上的提高。

今天要做的事

日期＿＿＿＿＿＿＿＿＿＿

必须要做的事情：

1.＿＿＿＿＿＿＿＿＿＿＿＿＿＿＿＿＿＿＿＿＿＿＿＿＿＿＿＿＿＿＿

2.＿＿＿＿＿＿＿＿＿＿＿＿＿＿＿＿＿＿＿＿＿＿＿＿＿＿＿＿＿＿＿

3.＿＿＿＿＿＿＿＿＿＿＿＿＿＿＿＿＿＿＿＿＿＿＿＿＿＿＿＿＿＿＿

4.＿＿＿＿＿＿＿＿＿＿＿＿＿＿＿＿＿＿＿＿＿＿＿＿＿＿＿＿＿＿＿

5.＿＿＿＿＿＿＿＿＿＿＿＿＿＿＿＿＿＿＿＿＿＿＿＿＿＿＿＿＿＿＿

6.＿＿＿＿＿＿＿＿＿＿＿＿＿＿＿＿＿＿＿＿＿＿＿＿＿＿＿＿＿＿＿

7.＿＿＿＿＿＿＿＿＿＿＿＿＿＿＿＿＿＿＿＿＿＿＿＿＿＿＿＿＿＿＿

应该做的事情：

1.＿＿＿＿＿＿＿＿＿＿＿＿＿＿＿＿＿＿＿＿＿＿＿＿＿＿＿＿＿＿＿

2.＿＿＿＿＿＿＿＿＿＿＿＿＿＿＿＿＿＿＿＿＿＿＿＿＿＿＿＿＿＿＿

3.＿＿＿＿＿＿＿＿＿＿＿＿＿＿＿＿＿＿＿＿＿＿＿＿＿＿＿＿＿＿＿

4.＿＿＿＿＿＿＿＿＿＿＿＿＿＿＿＿＿＿＿＿＿＿＿＿＿＿＿＿＿＿＿

5.＿＿＿＿＿＿＿＿＿＿＿＿＿＿＿＿＿＿＿＿＿＿＿＿＿＿＿＿＿＿＿

6.＿＿＿＿＿＿＿＿＿＿＿＿＿＿＿＿＿＿＿＿＿＿＿＿＿＿＿＿＿＿＿

7.＿＿＿＿＿＿＿＿＿＿＿＿＿＿＿＿＿＿＿＿＿＿＿＿＿＿＿＿＿＿＿

能够做的事情：

1.＿＿＿＿＿＿＿＿＿＿＿＿＿＿＿＿＿＿＿＿＿＿＿＿＿＿＿＿＿＿＿

2.＿＿＿＿＿＿＿＿＿＿＿＿＿＿＿＿＿＿＿＿＿＿＿＿＿＿＿＿＿＿＿

3.＿＿＿＿＿＿＿＿＿＿＿＿＿＿＿＿＿＿＿＿＿＿＿＿＿＿＿＿＿＿＿

4.＿＿＿＿＿＿＿＿＿＿＿＿＿＿＿＿＿＿＿＿＿＿＿＿＿＿＿＿＿＿＿

5.＿＿＿＿＿＿＿＿＿＿＿＿＿＿＿＿＿＿＿＿＿＿＿＿＿＿＿＿＿＿＿

6.＿＿＿＿＿＿＿＿＿＿＿＿＿＿＿＿＿＿＿＿＿＿＿＿＿＿＿＿＿＿＿

7.＿＿＿＿＿＿＿＿＿＿＿＿＿＿＿＿＿＿＿＿＿＿＿＿＿＿＿＿＿＿＿

当你能够按照一定的规则将日程表的安排与写作变成自我生活中一种不可缺少的习惯时，你不仅能够明了自己在一些必须要做的事情上花费了多少时间，而且还能够进一步明确，自己在除上述时间以外，还剩余多少时间可供自由安排——这一时间段才是个人提升自我、人生获得新发展空间的重要来源。

第二章

重视效率，更要重视效能

英国历史学家帕金森曾经总结出这样一则定律："事情增加是为了填满完成工作所剩余的多余时间。"而这一定律在沃顿商学院被解释为，工作效率低下，往往是因为我们给了这项任务太多的时间。"要高效率，更要高效能"是沃顿人做事时的基本要求，也恰恰是这一要求的存在，使他们在做事情时不仅追求高效，更追求高收益。

1. 效能的重要性，远远大于效率

为了使自我时间利用率达到最大化的目的，我们中的大多数人都在全力以赴。当现实的要求超过了我们的能力时，我们开始做出权宜的选择：减少睡眠与休息，将更多的时间投入工作中。短时间内来看，这些举动的确有利于个人效率的提升，但长时间来看，它们遗患无穷：精疲力竭成了一种常态，个人生活已经完全超负荷——这是一种典型的、在长时间内才能看得出来的低效能式时间管理。

毕业于沃顿商学院、如今已是个人精力管理专家的利南·鲍威尔先生提出了一种时间效能论，他指出，我们能够将时间当成静止不动的东西。在看医生的时候，很多人都会有度日如年的感觉，而做自己喜欢的事情，比如与朋友一起在咖啡厅里坐上半个小时，感觉便会完全不一样了。

大多数人都感觉，自己在某些特定的时间段会非常轻松，做一些特定的工作时也有同样的感觉：鲍威尔先生本人在进行财务管理的时候总是会感觉时间过得非常快，但是在进行账目盘点的时候，他却会感觉时间过得太慢了。

通过研究，鲍威尔认为，这种感觉上的差异并非来自于时间，而是与个人精力、热情息息相关。很显然，若是遵循个人生理规律，接触那些正能量满满的任务、工作与人，那么，个人工作效率便会大大提高，同时，还可以让自己更喜欢自己的工作。

我们的每一种行为、情感甚至是思想都会对精力带来或好或坏的影响。考量个人人生的最终成果，并非我们活了多少岁，而是我们在有限的时间里，投入了多少精力，获得了多大的效能。而对于那些追求高效能的人来说，出色的表现、健康与快乐，都需要建立在有效的精力管理基础之上。

但是，我们要如何才能在不损害个人健康、幸福与生活的前提下，使自己保持高效、获得高效能呢？鲍威尔先生在对精力管理进行了多年的研究后指出，以下四点可以使我们更好地达到以上目的。

（1）不要没有开工就泄气

前一天计划了满满一张 A4 纸的事项，但次日一大清早看到一张满满当当的日程表，你立即升起一种想要去撞墙的冲动——如果你有这样的冲动，就证明你的精力在开工以前便已经跑掉了一大半。

鲍威尔说，很多人都会过分高估自我效率，或者在一些看似重要但实则鸡毛蒜皮的事情上花费过多的时间。但时间管理不是战争，不能干什么都搞得如同要去打仗一般，不要对自己提出过高的要求，每天为自己安排恰当的任务量，这是使个人在次日工作时保持充沛精力的重要前提。

因此，在为自己安排任务时，我们需要注意以下几个关键点：

①我大约什么时候开始做这件事情？

你不需要精确到具体的几分几秒，实际上，因为时间管理中的事项往往是一件做完才能开始做下一件，所以，事项根本不可能精确到具体时间，但你依然需要为它安排好大致的开始时间段。

②上午 / 下午 / 今天之内，我能不能做这么多的事情？

这是对个人能力的一次粗略考量，在安排事项时，你需要问自己："安排这些事情，我能忙得过来吗？""忙得过来"、能够成功地完成安排的所有事项，接下来的时间管理才会更有信心地坚持下去。

③我要先做哪件事？后做哪件事？

这是事件的排序问题，而具体的排序，需要根据事件对个人目标的贡献程度、其本身的轻重缓急程度来决定——这一问题在随后会谈到。

④今天做不完的事情，安排在明天什么时候完成？

哪怕你再谨慎地估量自己的精力，你也有可能遭遇意外事件的插入，导致事件未能完成的情况发生。在这种情况下，你就要考虑如何将这些未完成的事项插入次日了。

遵循上述四个关键点来安排日程表，就多半不会让你"一看到就泄气"了。

（2）给自己减减压

鲍威尔指出，若个人所在的工作环境压力很大，或者官场气十足的话，便很难做到给自己减压。然而，我们的大脑、身体与灵魂的承受力都非常有限，逼太紧的话便会出事。因此，我们必须要在情绪、体能、思想与精神四方面，让自己保持良好的状态。

①情绪

有关情绪，我们需要正视以下三个事实：

- 不管外部压力有多大，只要我们能够控制好自己的情绪，便可以使精力获得极大提高；
- 当你处于情绪愉快状态下时，往往就是绩效最高的时候；
- 养成三个简单而有效的习惯，可以使个人保持较好的情绪：深呼吸放松自己、向他人表达赞赏、换一种积极的方式来讲述个人生活中发生的事情。

②体能

身体是奋斗的本钱：

- 一个健康的身体可以产生更多的能量；
- 随着体能的增强，个人工作效率也会有所提升。

③思想

思想决定着行动的效率:

- 工作状态下,思想必须集中;
- 个人可以制定一些习惯,来减少科技给工作与生活带来的无情干扰;
- 集中注意力,可以使自己的精力不被分散,我们便可以在较短的时间内完成较多的工作量。

④精神

精神往往与工作效率成正比状态:

- 当我们的日常工作和生活与个人最珍视、最能够赋予他们意义感与目的感的东西相一致时,他们的精神能量便可以发挥作用;
- 我们需要理清优先事项,并此为准,在以下三方面制定习惯。

1)做自己最擅长和最喜欢的工作;

2)有意识地为生活中最重要的领域分配时间和精力,认真工作,关心家庭、健康和他人;

3)在日常行为中奉行自己的核心价值观。

在情绪、体能、思想与精神四大方面做好这些内容,不仅个人压力会大大减小,接下来的工作效率也会获得提高。

(3)留意精力充沛的时段

有些人知道自己在什么时间段精力最充沛,比如,有些人在早上刚起来时思维最活跃,但有些人要到晚上才会出现创意四射的状态。

如果你对自己的状况不太了解,那便花费一两周的时间将自己的状态记录下来。记下自己在哪些时间段效率最高、精力最充沛;哪些时间段没有心思工作,想要休息一下或者想喝一杯咖啡放松一下。

鲍威尔认为，根据个人精力周期，对全天时间段进行细分是找出精力充沛时间段的一个不错的方法。

根据精力周期细分全天时间段

示例：

1. 优质时间——晨起段（6：30 ~ 9：00）
2. 优质时间——Dictator 时间（9：30 ~ 10：30）
3. 优质时间——上午段（10：30 ~ 12：00）
4. 优质时间——下午前段（2：00 ~ 4：00）
5. 低质时间——下午后段（4：00 ~ 6：00）
6. 中质时间——傍晚段（6：30 ~ 8：30）
7. 中质时间——夜晚段（9：00 ~ 12：00）
8. 低质时间——间歇段（各阶段节点前后大约 20 分钟）

我们必须要承认的是，在不同的时间段，人的精力水平是不一样的。你首先要做的，是划分出自己的"优质、中质、低质"时间段，之后才可能将不同难度的事情安排到不同精力水平的时间段中去。

"Dictator 时间"是鲍威尔教授从自己的民族文化——犹太人的时间管理方法中借取到的时间管理办法，意为"不被他人打扰的专属时间"，该时间段内可以完全集中精力去处理那些最重要的事情，而且不允许他人电话、邮件、来访的打扰。可以说，Dictator 时间是个人专属的计划与思考的时间，在该时间段内，集中精力安排当天的工作内容，对一些复杂的问题进行思考，计划接下来几天内需要的资源等——哪怕不进行具体的执行性事务，它也可以对时间管理与个人效率提升产生重要的作用。

好好利用个人精力充沛的时间段，将这些时间用来做一些必须要在最佳状态才能够完成的工作，还有一些你不喜欢但非常重要的工作（鲍威尔最不喜欢的是账目盘点）。在效率最高的时候做这些事情，往往能够以最快的速度将它们完成。

遵循以上三条建议，我们便能够在保证个人休闲时间的基础上，做到更有精力地去面对工作与生活。也只有在有精力的基础上，我们才有可能获得个人时间管理的高效能。

2. 做事以前，先弄清效率的真实含义

每一个人都期望提高自己的效率，可是他们往往会忽略这样一个事实：世界上没有任何机器可以一直以 100% 的功率运转。人也一样，你不可能达到 100% 的有效率，至少，你不可能总是保持 100% 的有效率，若你强迫自己一定要时时刻刻保持过分高效的话，那么，你就会如同那超负荷运转的机器一样，因为损耗太大而提前报废。

我们常常会看到一些人为自己制定了长达好几页的任务列表，但事实上，这是一种浪费时间而非节约时间的举动，他们花费了太多的时间去计划自己根本完不成的事情。每一个人的效率与能力都有其上限，就连柳比歇夫这样的成功人士也一样。

柳比歇夫是苏联昆虫学家、哲学家、数学家，在他的一生中发表了 70 多部学术著作，同时他还涉足包括科学史、农业、遗传学、植物保护、哲学、昆虫学、动物学、进化论、无神论等领域。

对于这样一个一生中拥有无数成就的人而言，他对效率的看法同样保持在"它是有上限"的基础上。"常有人说，他们每天工作十四五个小时，这样的人可能真的有，可是我没办法干那么长时间。一般情况下，一天中我能有七八个小时的纯工作时间便满足了。我最高纪录的一个月发生在 1937 年的 7 月，在那个月，我工作了 316 个小时，但是剔除工作间歇的休息时间，我每天平均纯工作时间只有 7 小时。"

"当然，每个人每天都要吃饭、睡眠。换句话来说，每个人都有一定的时间用于标准活动上。工作经验表明，每人每天约有 12 到 13 个小时可以用于非标准活动上，比如上班、社会工作、娱乐等。"

柳比歇夫的人生诚如沃顿商学院最著名的法律学教授诺里斯·庞德所说的那样："我们要努力让自己成为一个成功者，但我们也要让自己努力成为一个正常人。"作为一个正常人，每天都会有工作以外的很多事情，比如陪伴家人，比如休闲娱乐，比如每日坚持健身……

所以，在进行时间管理、追求个人效率以前，我们必须要正视这样的事实：一个正常人是需要一定的休闲时间的。这也是为什么在进行时间预算时，我们需要留出时间的原因：我们必须要清楚，生活中肯定会有意外发生，所以，要留出时间去处理这些意外事件。

此外，我们还必须要使用恰当的方法休息、放松，以便使自己恢复良好的精力去追求更高的人生效能。

不过，这种理所当然的正当时间分配对于某些人而言却有一定的难度：他们没有办法确定，自己如何在兼顾娱乐、工作与生活的同时，使自己拥有足够的时间去进行其他的活动。对此，沃顿商学院有三则方法可供参考。

（1）明确追求，分割自我时间

若你将大部分的时间花费在了学习与工作上，那么，你便是以工作成就为导向的人；若你将大部分的时间花在了享受生活上，那你便是以生活满足为导向的人。每一个人的追求各不相同，有些人能够在工作、学习、奋斗的路上获得更多的快乐，有些人则在生活琐事中获得了更多的幸福。

所以，你需要确定自己到底在追求什么。很多时候，鱼与熊掌不可兼得，因此，你必须要做出选择，而选择往往意味着放弃：你做了一件事，便不可能做另一件事。而这种选择性也将体现在你的时间管理上。

你可以按照黄金分割定律来划分自己在两件事情上的时间分配：若你在一天内拥有 10 小时可以自由规划的时间，且你确定自己是一个以工作成就为导向的人，你可以这样规划：使用 6.18 个小时去工作学习，用剩余 3.82 小时去享受生活。

反过来，若你确定自己是以享受生活为导向的人，你可以这样规划：使用 6.18 个小时去享受生活，用剩下的 3.82 小时去工作学习——毕竟你还要想办法养活自己。

（2）要有自知之明，别为自己设定太高的目标

很多人在通过时间管理获得高效率的过程中半途而废，往往是因为自己的目标设定得太高了。与此同时，又对达成那么高的目标所要付出的代价没有清楚的认识。但是，更快乐、更健康的生活很大程度上是建立在拥有自知之明的基础上的。清楚自己的优点与缺点，不去做白日梦，不给自己定下过高甚至是要求满分的目标，这本身就是获得个人高效的基础。

因此，你应再次拿出纸与笔，罗列一下那些虽然看起来可能无趣但实际上对你而言非常重要的事情。若你是学生，那件事可能是背英语单词；若你是业务经理，那件事可能是给你的上司写下一年度的预算。

挑出一件你认为最重要的事情，然后，给自己做个时间表，在未来一个星期乃至一个月的时间里，每天至少专注于这件事 2 个小时，你便能够获得自己在此事上的迅猛发展。

（3）运用时间分割法，训练自己习惯于专注 2 小时

在自己不喜欢的事情上专注 2 小时，未经训练的人很少能够做到。为了做到这一点，你可以参照所谓的"时间分割法"。比如，若你需要在这件事上专注 2 个小时，即 120 分钟，那你应该把当天的任务分解成 6 块，而每一块用 20 分钟完成。你把 20 分钟当作你专注的基本时间单位，而每个时间单位过后，休息 5 分钟，想办法犒劳一下自己，比如喝杯咖啡或者牛奶。在属于休息时间的 5 分钟之内的最后一分钟，重新振作，尝试着恢复状态之后，进入下一个基本时间单位——另一个 20 分钟。

于是，在规划时间时，你便会明白，为了可以完全专注 120 分钟，你最终需要规划出差不多 150 分钟的时间。这一方法非常简单，但却非常有效，也恰恰是因为它简单而有效，所以，很容易体会到效果，你也会更容易坚持下去。

通过上述三大步骤，你不仅会更正视效率的真实含义，同时你也会更知晓精力充沛之重要性：获得高效率与高效能的人生，奋斗与娱乐其实拥有同等重要的意义。

3. 要正确地做事，更要做正确的事

管理大师彼得·德鲁克曾提出这样的观点：效率是"用正确的方式做事"，而效能则是"做正确的事"，效率与效能不可偏废，但这并不意味着我们在工作中应该将效率与效能视为拥有同等重要性的内容。

在德鲁克先生的论述中，我们可以看到两组并列的概念：效率与效能，正确做事与做正确的事。但在现实生活中，特别是在个人工作方式与时间管理过程中，人们往往会将关注的重点放在前者：效率与正确做事。但实际上，第一重要的却是效能而非效率，是做正确的事而非正确做事。正如德鲁克先生所说的那样："不可缺少的是效能，而非效率。"

蒙哥马利是沃顿商学院的一位普通毕业生，如今，他在美国一家大型连锁医院供职。在管理医院的过程中，他发现，让工作高效而卓越的方法是有机而复杂的，就如同医学问题一样。病人到医生的办公室中说，自己发烧了，并告诉医生他出现了一些感冒的症状。但医生并不会马上相信病人的话，而是会翻开病历，问一些探究性的问题，然后再做出自己的诊断——病人或许是得了感冒，但也有可能是罹患了更严重的疾病，而医生只会依据于自己的专业知识，而非病人对自己的判断进行诊断。

沃顿商学院的"合作公司治理"项目曾经接到这样一个求助：为一家制造业公司的分支机构评估扩张机会，但是，经过长达数个星期的资料收集与分析以后，这家公司意识到，自己需要的不是扩张，而是关闭或者直接卖掉。

很显然，若是着眼于效率的话，医生有可能给病人误诊，提供帮助的沃顿团队有可能导致一家公司陷入严重亏损状态中。搞清楚效能所在，做正确的事

情，你才能够保证自己的时间与精力都被用在了正确的地方。

这就如同电子产品的淘汰史一样：当黑白电视机处于成熟期，而彩色电视机方兴未艾时，若你依然选定黑白电视机为目标产品的话，则你的生产效率越高，你的亏损便越大——虽然此时提升效率是在正确地做事，但因为做了不正确的事，损失必将巨大。

若你依然不明白"正确地做事"与"做正确的事"的区别，那么，你就需要继续往下读：效率与效能是存在着明显的不同的。

（1）明确效率与效能的不同

想要做到提升效能，我们就必须要明白效率与效能的差异到底在哪里。"正确地做事"所强调的是效率，其结果是让我们更快地朝着目标迈进；"做正确的事"强调的则是效能，其结果是确保我们的工作是在坚实地朝着自己的目标迈进。换句话来说，效率所重视的是做好一件工作的最好办法，而效能重视的则是时间的最佳利用，这包括做或是不做某一项工作。

沃顿商学院之所以可以在商业领域中培养出那么多的成功者，其最大的秘诀就在于，每一个沃顿人都被教育，在开始工作以前，必须要先确保自己在"做正确的事"。事实上，"正确地做事"与"做正确的事"存在着本质上的区别。"正确地做事"是以"做正确的事"为前提的，若没有了这样的前提，"正确地做事"将变得毫无意义，首先要"做正确的事"，然后"正确地做事"才能存在。

这与个人行为的目的性相契合：身为设计人员的你按大众的要求设计出了一款产品，其质量、外观、实用性都达到了与市场相符的标准，你是在正确地做事。但是，若这款产品根本没有买主，更没有固定的用户，这就不是在做正确的事——此时，不管你做事的方式与方法有多么正确，最终结果都将是徒劳无功的。

（2）找出"正确的事"

工作的过程就是解决一个个问题的过程，有时候，一个问题会摆在你的面前让你去解决，你所面对的处境是：问题本身已经相当清楚，解决问题的办法也很清楚，但是，不管你想从哪个方向、哪个地方下手，正确的工作方法只能是：在此之前，你应确保自己在解决的是正确的问题——但它很有可能并不是之前摆在你面前的那个问题。

当你确定自己正在为一个错误的问题而伤脑筋时，你会做些什么呢？当医生认为病人轻微的症状将某些更严重的问题掩盖了时，他会告诉自己的病人：他需要进一步的检查来确定自己的推测。按同样的方法，在发现问题本身有错时，你应该进一步去了解事实，在寻找资料、盘点过往的同时，使自己真正地找到"正确的问题"，这是做正确的事的前提。

（3）一开始便怀有最终目标

从一开始时便知道自己现在在哪里，并朝着自己的目标前进，至少在行进的过程中可以确定，你迈出的每一步都是方向正确的，而那种看似忙碌、最终却发现自己是背道而驰的情况是非常令人沮丧的。这是许多工作时间长但效率奇低的人容易出现的错误，他们往往会将大量的时间与精力浪费在无用的事情上。

每一件事、每一项工作都会有其特定的、最好的结果，而这一结果就是我们在努力过程中期望达成的最终目标。在开始做事以前，唯有明确地记住这一最终目标，才可以确定，不管哪一天干哪一件事，都不会违背你为之确定的重要标准，你做的每一件事都会为这一最终目标做出有意义的贡献。

若目标缺失的话，便不可能存在切实的行动，更不可能获得实际的结果，沃顿人与其他商学院出身的人最大的差异就在于，前者往往在做事以前，便清楚地知道自己想要达到一个什么样的目的，并清楚地知道，为了达到这样的目的，哪些事是必需的，哪些事从表面上看是必不可少、但事实上是无足轻重的。他们总是可以在一开始时便怀有最终目标，因此总能事半功倍、卓越而高效。

当然，工作与生活中也存在暂时的"目标不明"的情况，若我们一时还弄不清楚"正确的道路"（正确的事）在哪里，不如按沃顿的那句管理名言所说的来做事："我们并不一定知道正确的道路到底是哪一条，但却不要在错误的道路上走得太远。"——最起码，为了节省时间与精力，先停下自己手头的工作也是一个选择：它至少可以保证，在当下你不是朝着与最终结果背道而驰的方向前行的，否则，在你找到最终目标以后，你需要花费更多的时间、走更远的路来回到原路上来。

很显然，在明确了效能对于效率的重要性以后，我们当然能够明确这样的做事观点：若可以同时提高效率与效能最好，但在两者无法兼而得之的情况下，我们首先应该着眼于效能，然后再设法提升效率。

4. 事前准备周全，成功才更有保证

在开始每一项工作任务以前，若能做足事前准备，便可以达到事半功倍地让时间发挥最高价值的效果。若一味地用忙碌当借口，事前没有好好准备，其实会损失更多的时间。所以千万不要偷懒一时——那样只会给自己换来更多的忙碌。

莱福尔是美国某公司的董事长，出身沃顿的他深谙事前准备之重要性。他坚持每天清晨 6 点钟以前来到办公室，先是阅读半小时管理方面的书籍，然后便全神贯注地开始思考本年度内不同阶段中必须完成的重要工作，以及所需要采取的措施与必要的制度。

完成这些事情以后，他会重点考虑一周内的工作：他会将本周内所要做的几件事情一一列在黑板上。在早上 8 点钟左右，莱福尔会在餐厅与秘书共进咖啡，并将这些自己已经考虑好的事情与秘书商量一番，然后做出最终的决定，由秘书具体去操办。

莱福尔的办法极大地提升了公司的工作效率，同时也使他的公司得以在激烈的市场竞争中屹立于不败之地。做任何工作都应该进行提前准备，以明确目

的，避免盲目性，同时也可以保证工作能够在有条不紊中循序渐进。

如果同样一份工作，他人做得紧凑而有序，你做却变得丢三落四的话，你便需要考虑自己是否在事前准备方面做得不足了。同样道理，若你总是感觉自己天天在忙碌，但似乎工作总不出成效，一直处于裹足不前的状态，你也需要考虑一下，是否是自己的事前准备出现了问题。

事前准备并不仅仅局限于工作内容本身，对工作工具、工作注意事项等内容的准备，也是事前准备的重要内容。沃顿人提倡，在正式开始工作，特别是重要工作以前，应该依据"事前准备"的概念，将准备工作做得更加彻底。

（1）明确"事前准备"的概念

所谓的事前准备，简单来说，就是将可以先做的部分完成，而且，要尽量利用有空的时间去做。

具体来说，从做事计划确立的那一刻起，便要开始着手整理各项必要的事前准备工作。比如，若是你知道自己什么时候要出差的话，便必须要立刻列出必要的准备事项。对于准备工作较为复杂的事情，可以先用记事本记下来，但如果只是买个车票一类的小事，则将其放在脑子里即可。

做好准备工作的原则是，越早越好。比如，买车票这类的小事，就算下个礼拜再去买也来得及，但如果可以的话，还是今天就去买来，并要好好地放入抽屉中的固定位置，因为你不知道下个礼拜是否还会有突发事件要忙。就算今日能够优哉一整日，但与其好几天在心中挂记着"票还没有买"的事实，不如先去买了再去放心地休息。

事实上，若该做的准备工作还没有完成的话，对休息也会产生影响：因为事情未做完，心理压力会一直存在，所以算不上真正的休息。

（2）借鉴三个原则，让事项进一步简化

在事前准备阶段，对事项进行管理时，我们可以借鉴如下三项原则：

①能不能取消它？

②能不能与其他的工作合并？

③能不能用简便的东西代替它？

这是沃顿管理学家唐纳德·伯纳姆所提出的帮助个人提升效率的三大原则，而这三个原则在时间管理领域中同样拥有可借鉴性。

（3）备份资料也是重要的准备工作之一

很多人认为，准备工作只限于与工作内容相关的一些东西，但事实上，做好设备方面的准备也非常重要。虽然电脑发生故障的状况时而有之，但一些职场资深人士们几乎都有过遗失电子文件的经历，因为他们早已习惯事前做好准备，将同一份电子文件复制成很多的备份，所以根本不必担心重要文件遗失的问题。

很多人都不知道，在时间管理的过程中，"防患于未然"其实是最重要的事前准备工作：经历过的人都知道，弥补档案遗失所花费的功夫，绝对要比备份档案所花费的时间多出几十甚至百倍。

同样，整理也是一项重要的事前准备工作，虽然没有必要连他人看不到的地方都弄到完美状态，但至少你要让自己在需要使用的时间，便能够立即将文件、工具找出来才可以。

（4）明确：备用品的库存太多，反而会造成浪费

如笔、纸、墨水、胶带一类的消耗品若没有库存一些备用的话，临时发现用光了，会很令人伤脑筋，但是，若提前存储了太多的备用品，不仅整理起来非常吃力，也会非常占据空间。为了有效地管理备用品，你需要更精确地掌握消耗的状况，对于那些经常大量消耗的东西，可以一次性地批量购买一些，存储起来备用；对于那些难得用上一次的东西，顶多再买一份备用便可以了。

同时，为了确实地掌握物品的使用状况，你可以使用马克笔在外包装上写下购买的日期，等到快用完的时候，再进一步对照当时记下来的购买日期，如此一来，便可以切实地掌握使用的周期。

因为时间所具有的独特性，再加上它在各类资源中又往往容易被我们所忽略的特点，我们不难发现，在工具、内容等各个方面更周全地进行准备，才能使时间财富发挥效用最大化。也只有做好周全的准备，我们在正式着手重要工作的时候才会更有效率，产生更大的工作效能。

5. 更有效地利用你的时间

肯定有人跟你说过类似的话："你玩电脑的时间都可以用来写一本书了！"不可否认，写书的确是比玩电脑更好地利用了时间，但这一结论成立需要有一个假设："时间是可以互换的。"也就是说，用来玩电脑的时间可以轻松地用来写书，但是很遗憾，事实并非如此。

沃顿出身的亚当·莫尔斯如今是一名畅销书作家。在他的《如何提升你的时间效率》一书中，他提到了"时间质量等级"这一概念。莫尔斯指出，在实际的生活与工作中，不管个人多么有效率，总是会遇到意外情况：我们可能错过公交、地铁，或者遇上出其不意的中途休息，很可能意外地被困在机场，平白地少了原本可以被充分利用的 4 个小时。

在这种情况下，有些人所做的事情是"我带本书阅读"，有些人选择"闭上眼睛休息"，有些人则认为，浏览一些虽然对工作无益但可以缓解等待压力的网络新闻也是不错的选择。对这些人而言，其实时间都被利用了起来，只是相比之下，个人的利用时间质量不同罢了。

莫尔斯在书中写道："不同的时间往往拥有不同的质量等级，如果你在走向地铁站的路上发现自己记有今天重要事项的笔记本忘记带了，那么，你很可能一整天都无法集中注意力去工作。同样，当你被不停地打断的时候，你也往往很难集中注意力。这里还有一些心理与情感上的因素，比如，有时候你的心情很好，愿意主动去做一些事情，但有些时候，你会感觉到抑郁与疲惫，这种情况下，你就只能看看电视了。"

莫尔斯的话语指出了这样一个事实：时间其实是分为"可以有效利用"与"无法有效利用"两个层次的，若你希望变得更有效率，你就必须要意识到这一事实，并且很好地处理它。首先，你必须要更好地利用不同种类的时间；其次，你必须要让自己的时间变得更有效率。

（1）明确"有效时间"与"无效时间"

在尝试着让自己的时间变得更有效率的时候，你必须要明白两个词语：一是有效时间，二是无效时间。

①有效时间往往只有 3 小时

有效时间多被用来指工作时间，比如，你上班是朝九晚五，理论上，你的有效时间便是 8 小时，但中午吃饭要花费一小时，所以，此时你的有效工作时间变成了 7 小时。很可能上班时间你还会零零散散地与同事聊天 1 小时、上几次厕所半小时、时不时跑一下神半小时……这些时间加起来，又要去掉一部分。到最后，你的有效时间大概就只剩下了 3 个小时，而恰好是这 3 小时，在你的生活中发挥着无与伦比的作用。

②无效时间占据了人生中的多半

无效时间就是你聊天、发呆、上厕所等用掉的时间。这些时间很可能是你在无意之中浪费掉的，但无效时间中的一部分也是必然的存在：用于休闲娱乐的时间虽然隶属无效时间，但它们也是人生赢家必做的一件事情。

当你分类好了有效时间与无效时间以后，你便能够自主地分配自己的时间。对于沃顿人而言，成功的时间管理意味着，将有限时间拉长，使无效时间改善——它可以使个人的每一分钟都存在价值，同时也可以让个人在既定的时间内做更多的事情。

（2）选择合适的问题

既然你已经明确了无效时间占据了人生中的多半时间，而改善无效时间又是时间管理中的重要课题，我们就必须要询问自己：生命如此短暂、时间又如此宝贵，为什么我们要浪费时间去做一些没有意义的事情呢？做一些如看电视、浏览八卦新闻一类让自己感觉很舒适的事情非常容易，但你应该问问自己，为什么要做这些事情？有没有一些更重要的事情等着你去做？为什么你不去做那些事情？这些问题看上去很难回答，但是每解决一个，都会让你变得更有效率。

这并不是说你所有的时间都应该用来做那些最重要的事情，但是，这是衡量你个人生活是否充实的重要标准之一。

（3）收集很多问题

另一个时间管理的秘密在于，如果你认准了一个问题，投入全部的精力去解决它，这样你的效率会变得极高。但事实上，这是一件很难实现的事情。比如，你可以一边锻炼身体、一边喝水、一边与他人聊天；再比如，你在某一天可以写下一篇美好的文章，阅读一本重要的书，品尝一些美味，与一些朋友闲聊几句。

有很多不同的项目可以让你在不同质量的时间下做不同的工作。更重要的是，在你做重要工作却出现卡壳或者厌倦的时候，你还有其他一些事项可以选择。

这些事项的存在可以让你变得更有创造力，而创造力就是将你从其他地方学到的东西，进一步运用到自己的工作中去。若你同时做许多不同方向的工作，那么，你便会得到更多的创意与想法。

（4）列一个清单

找一些不同的事情同时去做并不困难，大部分人都可以在短时间内为自己列出很多的待办事项。但是，若你想要将它们全部记在脑袋里的话，它们便有可能慢慢地消失。你要记住，所有这些事情给你带来的心智上的压力有可能会将你压垮——解决这种压力的办法很简单：将它们一一写下来。

一旦你将自己下一步要做的事情列成了一个清单，你就能够更好地组织与分类它们了。

大部分项目都包括了许多不同的任务，以写一篇文章为例，除了真正下笔写作的过程以外，还包括阅读一些资料、考虑文章的结构、整理相应的语句、就一些具体的观点向他人请教等。每一项任务都属于清单中的不同内容，而你可以选择在合适的时间去做其中的一部分。

（5）把任务清单和你的生活结合起来

一旦你拥有了这样一个任务清单，你需要做的就是常常记起它，而记住它的最好办法就是，将它放在你可以看到的地方。比如，莫尔斯总是在自己的桌子上放一摞书，而最上面的那本就是他最近正在读的，当他想要读书的时候，他就直接从上面拿一本书来读。

对于看电视、看电影等休闲活动你也可以这样做：当你对某一部电影感兴趣的时候，你可以将它放在电脑中一个特殊的文件夹中。每当你想要休息一下、看看电影的时候，就打开那个文件夹——这样，你可以更有效率地去休息。

这一方法的奇妙之处在于，就算你像猪一样的懒散，它也同样适用，你只需要将那些真正重要的事情安排在有效时间——当你完成了既定的工作以后，你便可以拿低质量的时间来做低质量的事情，这意味着，你可以纯粹地享受自己的美好时光了。

6. 上班的前 25 分钟，决定一整天的效率

一日之计在于晨。你很可能意识不到这样的事实：上班的前 25 分钟，其实已经决定了你一整天的效率。若一到公司你便懒懒散散地提不起精神来，那么，你一整天都会是这样。

奥巴代尔是沃顿商学院的一名普通学子，在沃顿就读四年以后，他来到了华尔街一家证券公司。因为工作内容繁多，再加上初入职场，对各项工作内容并不熟悉，奥巴代尔感到了巨大的压力：周围的同事们一个个如同被拧紧了发条的娃娃一样时刻不停歇，而自己的工作效率却一直不到他们的一半。虽然上司并没有说什么，但一日日重复如此，"开除"必然是最终结果。

问题在于，一到公司、坐在办公桌前面后，做什么才能让一整天有"游刃有余"的感觉呢？在沃顿商学院一个学生自发性的小论坛中，奥巴代尔提出了自己的疑问，一位学长告诉他，他可以通过建立起个人的上班"仪式"来形成高效工作。

在借鉴了学长给出的经验与办法后，奥巴代尔依据自己的实际情况，总结出了一套自己的仪式。这套带有浓厚个人色彩的仪式，也的确帮助他的工作走上了正轨。

所谓的仪式即每日相对固定的一整套流程。这种"仪式"的特别性在于，它是经过了精心设计、合理规划的行为。与意志力、自律性不同的是，行为模式并不需要刻意地推行，它更多的是在坚持一段时间、形成了习惯以后，引导我们不由自主地去遵循。就如同我们日常习惯的刷牙一样，它并不需要我们刻意地提醒自己去做。保持牙齿的清洁与健康，会吸引我们主动地刷牙。

因此，它更多的是一种自发行为，而非我们刻意为之。行为仪式的力量在于，它不仅能够令我们不在不必要的地方浪费精力，而且将我们的目光更多地投向怎样去激发与拓展我们的精力，更能令我们在某些方面保持高效率。

（1）设置25分钟的倒计时

一到公司，先进行25分钟倒计时的设置，使自己进入专注工作状态的时间边界。这种倒计时的设置，就如同赛跑时的"各就各位……预备……"一样，25分钟结束以后，便开始"跑"这一动作了，因此，它也是奥巴代尔上班仪式中的截止底线。

若没有这一时间边界会如何？奥巴代尔说，那样的话，自己便很容易陷入时间黑洞之中，比如，本来想着浏览一下邮件，结果花费了40分钟处理电子邮件；比如，只想去倒一杯水喝，结果与同事们在茶水间闲聊了好久，回来以后又使劲地埋怨自己浪费了时间。

由此可见，倒计时是一个好东西，可是，一旦超过25分钟便坏掉了，就如同水果熟透了会坏掉一样。

（2）在纸上列出今日的工作计划

奥巴代尔到公司以后所做的第一件事不是去工作，而是列计划。这种列计划并非日程排列，它非常简单，一共分为三步：

Step 1　花费一些时间，将今天要做的所有事情写在纸上；

Step 2　将这些事情中最重要的一件事标出来；

Step 3　预估一下时间资源的调整计划。

我们往往会过高地估计自己所拥有的时间资源，列出太多当天要完成的事情，结果，不是因为插入事件过多，就是因为个人精力不足，而导致事件无法完成，这样很容易产生挫败感。

所以，在列完计划以后，先看一下自己的日程表：是否有一些会议会占用一些时间；或者今天需要与他人沟通的事情比较多；或者今日有事需要外出工作。这些事情多是不受自我控制、需要与他人协调进行的，如果这样的话，便需要尽量少安排一些待办事项，不要给自己太大的压力。

（3）对重要的事项进行任务分解

你在上一步标注出来最重要的那件事情，通常情况下是棘手的、麻烦的、不知道要怎样做的，所以，如果你现在不将它搞清楚、弄明白的话，那么，你今天很可能更没有时间去思考到底要怎样去解决它了！

需要注意的是，此处进行任务分解的目的不仅是列出步骤，还是要让任务变得具体、明确、可执行。若你在分解任务的过程中发现，自己实在不知道这件事情如何搞定，那么请教他人也是一个具体、明确、可执行的步骤。

（4）为自己准备高效的工作环境

高效的工作环境可以成就你的高效，若实践了以下两个原则，那么，你每天早上就只需要花费很少的时间来准备工作环境了。

原则一：每样物品拥有固定的位置；

原则二：从哪里拿的，便放回到哪里去。

可是，对大部分人而言，这样做还不够形成高效的工作环境，奥巴代尔有两个私房的小经验可以借鉴：

经验一：给自己先倒好一大杯水。正在专注工作的时候想喝水，却发现水杯是空的，这是一件既打断精力又很纠结的事情。

经验二：右手边随时有纸与笔。有人若临时通知你一件事情的话，此时，将这些隶属计划外、又不得不承接下来的事情写在旁边的纸上，一方面可以提醒自己不要忘记，另一方面也可以避免使自己手头正在忙的工作受到影响。

（5）使用琐事进行热身

如果你对今天最重要的事情有明确的思路，那么，你当然应该遵循"要事第一"的原则，每天先将最重要的工作完成；但是，如果你并不明白最重要的事情到底要怎么做，比如，今天写出一份令客户满意的策划案是最重要的事，可是你连思路都没有——此时，"要事第一"原则便需要靠后安排了。

在这种情况下，你就需要先热身，使自己进入工作状态。运动需要热身，工作也需要热身。奥巴代尔的习惯是使用几件琐碎的小事来热身，使自己快速地进入工作状态，然后再开始做最重要的事情。如浏览一下邮件，与同事沟通一下今日需要协作完成的工作，打几个沟通电话，以请教他人怎样去解决最重要的事情。

此时，25分钟倒计时的重要性便再一次体现出来了：一旦倒计时结束，放下这些琐事，休息5分钟以后，正式开始做那份最重要的工作吧！

想要改变自己的健康，只需要每天坚持走一万步；要改变自己的阅历，只需要不断地尝试自己从来没有做过的事情——不管是多大的改变，往往都是从极小的动作开始的，只不过要将这一动作坚持下去罢了。将上班的前25分钟仪式化，它便会成为你个人工作效率改变的开端。

7. 在努力的过程中，保持前进方向的正确

人生中，最让人沮丧的事情并不是自己还没有达到既定的结果，而是意识到，

仅就手头的问题来说,自己所做出的努力连一丁点的意义都没有。这种毫无意义的付出,不仅会造成个人效率与效能的低下,同时也会让人丧失前进的动力。

马卡利·欧文从沃顿商学院毕业以后,并没有与大部分校友一样投身于商业领域中,而是转身变成了一个时间管理专家。在他看来,与其在商业领域中去争取金钱,远不如帮助人们正视时间来得更有趣。

他在帮助多数人进行时间管理时,会先引入"感觉"一词。在他看来,感觉这种看似虚无缥缈的东西,才是一个人活下来的动力。因此,想要找到时间管理的源头,一定要先从回忆自我最美好的感觉开始。

对欧文而言,他最喜欢的事情有几件:一是创新,二是向他人证明自己,三是擅长并热衷于揣测他人的心思,四是建立一个稳定的家庭。对他而言,这是他对生活的感觉,也是他的人生目标。围绕着自己的目标,落实到每一个生活与工作步骤中去,同时为之努力。在他看来,这是实现人生幸福也是个人成功的关键。

如今,欧文已经实现了其中的大部分目标,虽然其中也有困难,但很显然,他已经迈过了不知道前进方向的那一个尴尬的阶段。

在沃顿商学院,每一个学子都被教育:一旦他们接手任务,就要在心底打定主意:不管遇到什么样的困难,他们的最终目标都是将任务完成、把问题解决。这一终极目标促使着他们在遭遇商业困境时能够从容不迫,而这也是沃顿商学院的学子在全球商业领域中享有盛名与高待遇的重要原因。

如何让自己在努力的过程中,能够始终明确这样的重点:我的前进方向是正确的?沃顿商学院对此有一套方法可供借鉴。

(1)关注大画面

当你想尽一切办法去解决一个困难而复杂的问题时,若是同时盯着许多的需求,便容易丧失大目标,这就如同你身陷泥潭时,要沿着一条你看不见的泥泞通道不断地摸索一样。

当你感觉自己完全被问题包围时，便应该后退一步，通过大画面——那些组成你个人工作假设的一系列事物——思考一下你正在努力完成的内容。问一下自己：

- 现在干的事情与脑海中的大画面是否吻合？
- 它是否在引导我不断地向着目标进军？

如果不是，那么你就是在浪费时间。

你应时不时地从正在做的事情中抬起头来想一下，问自己一些最基本的问题：

- 我现在做的事情对解决问题有什么作用？
- 它是如何推进我的思路的？
- 这是不是我眼下正在进行的最重要的事情？
- 如果它没有多大的帮助，为什么我还要做呢？

当你能够使用这些自问使注意力始终集中在大画面上时，你便有更多的机会以高效的态度去处理人生中层出不穷的事情。

（2）确立自我价值观，明确终极目标

什么是"终极目标"？打个比方，在玩1000片的拼图游戏时，我们的目标永远是将那些散乱的碎片组装成一幅美丽的图画，我们所贴上的每一个图片，都是为了这一终极目标而服务的。就算贴错了几片，以至于不得不将很多步骤推翻重来，也无法改变这一目的。

我们所进行的工作就如同拼图游戏一般，总是围绕着一个确定的目标进行。行进中，我们可以犯错，但却不能偏离方向。

确立这一终极目标，并不是说要确定以后每一天都要做些什么，干什么职业，而是说，你要将自己的工作或者人生按照一个整体来进行考虑，明确自己想要的到底是什么。从一开始就知道自己的目的地，清楚自己身在何处、在做什么，自己每一天做的每一件事都不会偏离自己的目标，自己迈出的每一步都是在沿着正确的方向前进着。

（3）使用自问，确立终极目标

在沃顿有一个简单的方法，用来描述如何确立这一终极目标，并最终将它实现的过程：

①首先，你要多问问自己："我最钟爱的是什么？充满了我的心灵，令我感觉幸福无比的又是什么？"若你以真诚的态度去回顾过去，便一定可以找到答案，找出自己的人生价值观。

②你可以试着将自己所敬仰的人物一一列出来，并回想自己为何尊重他们，从这些原因之中，找出一项你认为自己之所以敬仰他们的共同原因。若你经过了认真思考，并发现这个共同的原因的确是你期望达成的境界，你的终极目标也就初步成型了。今后，你只需要以此为依据，努力地去实现就可以了。

③你不妨再从这些人生偶像身上，选出几项你认为值得自己去学习的行为加以补充，然后，再以他们作为你迈向成功的标尺，一步步地向上爬，最后，你必然可以找到"自我"，实现自己的终极价值。

事实上，这一终极价值并非隐藏在个人的内心深处，而是在我们常识中"理想"的层次里。唯有你自己真正地认识到了，你才能倾注全力去关注它、实现它。

（4）自我询问，让目标现实而可靠

管理大师杜拉克说过："若无法做到管理时间，便什么也不能管理！"因此，你必须要在自己的终极目标指引下，列出自己近一个阶段的目标，这一阶段可以是 10 年，也可以是 6 个月。或许过了这段时间以后，你的人生阶段便会到达另一个层次，比如，你大学毕业了，或者你在公司中升了职等。你的目标必须是具体的，比如，大学毕业以后，你要考上研究生；30 岁以前你要买一套自己的房子；等等。

为了不让自己所列的这些目标成为空谈，沃顿商学院有一套完整的问题，我们将其简化为 15 个问题，当你在做计划时，参照一下，时时追问一下自己，将有利于你把所有的想法都实实在在地思考清楚。

1）我定下的这套远期、中期与近期目标是否明确、可行？

2）对于下星期想要开始的工作，我是否已经拥有了清晰的概念？

3）在一个工作日开始以前，我是否已经妥当地考虑这一天的工作次序？

4）我是否将注意力集中于目标，而非集中于过程？

5）我是否以绩效而非以活动量作为自我考核之依据？

6）我是否能够在工作效率最高的时间内，去做最重要的事？

7）我是否每天都保持少量的时间做计划，并思考那些与我的工作相关的问题？

8）我是否故意减少中午摄入的食物总量，以避免下午打瞌睡影响效率？

9）我是否能够做到将非必要的工作授权给他人处理？

10）我是否能够根据"权责相称"的原则，将工作授权给他人？

11）我是否采取了一些措施，防止一些无用的资料与刊物摆放在我的办公桌上、占用我的时间？

12）除了在例外的情况下，我是否尝试在下班以后将工作抛到脑后？

13）若需要加班，而且可以自由选择加班时间，我是否宁可提前上班而不延迟下班？

14）我是否能够在获得关键性资料的第一时间便马上制定决策？

15）对于经常会出现的工作或者精神危机，我是否时时保持警觉性，并采取预防措施？

若你能够对上述每一个问题都做出一个肯定的回答的话，那么，你的计划已经做到了非常完善的地步，而这一计划一定会帮助你向着自我终极目标飞跃性地前进。

在每日忙碌的生活中，我们一定要随时怀有这一终极目标，随时关注人生这一大画面，随时对自我人生价值观进行丰富。这样我们才能够获得极高的效能，获得自己想要的时间效率。

8. 给工作一个"到此为止"的界限

哪怕掌握了再多时间管理方面的技能，我们也无法在一夜之间便拥有高效率。与生活中其他的事情一样，高效率是需要付出持续不断的努力，但如果你只是坐等它发生，你将不会有任何的改变。为了让自己在拥有高效率的同时，拥有高效能的生活，我们需要更多地了解自己的时间安排，并想办法优化自我能量。

沃顿教授雷利在自己 17 岁的时候曾有一段过分努力的时光。当时，他正在高中苦读，常常为了获得更高的学业分数与社会评价，一天工作学习 20 个小时左右。他利用课间完成工作，晚上则去管理一个公益组织。那时付出的努力给了他无数参加全国性活动的机会，使他得以与最优秀的组织合作，并直接造就了他最后收获成功的事业。

不过，随着年龄的增长与管理领域专业知识的逐渐丰富，雷利教授开始有了不同的想法。他意识到，加倍地努力并不总是通往成功的正确途径，有时候，少做一些，给自己一个"到此为止"的界限，也许会有更好的结果。

比如，一个企业不断地工作不休息，就算如此，也不能保证它便可以从成千上万的竞争者中脱颖而出。时间是一种有限的资源。为什么有些小型创业公司完成了许多大型企业未能做到的事情呢？Facebook 花费 10 亿美元收购了图片分享应用 Instagram，而这家公司仅有 13 名员工！固然，他们的成功一部分靠了运气，但另一部分绝对是源自他们的高效率。

由此，雷利教授指出，成功的关键并不在于你伏案工作了多少个小时，而在于你是否灵活。

雷利教授所说的"灵活与否"恰恰是很多人对时间管理存在的误区：他们误以为忙碌就是高效，但事实上，忙碌与高效有着天壤之别：高效更多地侧重于，你如何去管理自己的精力，而非如何管理自己现有的时间，而这是需要持续一生的功课。我们需要学会怎样用最少的精力去获得最大的收益。换而言之，在效率领域中存在着"少即是多"的定律。

鉴于大部分人并不能直接领会这种"少即是多"的奥秘所在，雷利教授给出了一些能够切实在减少个人伏案工作时间的同时提升工作效率的方法。

（1）忘记工作，不再加班

你是否想过，如今职场通用的"每周 40 小时工作时间"是从何时开始的呢？在 1926 年，美国福特汽车公司的创始人亨利·福特在自己庞大的工厂中进行了一系列的实验，实验结果非常有趣：当工人将自己的每日工作时长由 10 小时减少到 8 小时，将每周工作时间由 6 天缩短至 5 天时，工人的生产力便会大大提高。

这与沃顿商学院的多项研究相符合：不管是从长期还是从短期来看，工作时间越长，工作效率与效益便会越低。在沃顿一份名为《加班时间对建设项目的负面影响》报告中指出，若项目团队成员持续 2 个多月，每周工作 60 小时甚至是更长时间的话，那么，他们的生产力便会不断地下降，从而无法按时完成工作，而其所需要的工作时间，将会超过由相同规模但一周工作 40 小时的团队所需要的时间。

这是由于身体的特性所决定的：先不说昨夜通宵工作以后你要怎样继续自己的一天，在疲惫的加班以后，你已经不大可能以愉悦的态度面对这个世界，由于过度疲惫所导致的情绪低落会使你比平日里更低效、更消极。比这更糟糕的是，这种心态往往会伴随着积极思考与行动意愿的大幅度降低，同时个人还会出现控制冲动能力下降、自信度降低、同情心减少、情商降低的症状。

很显然，在加班带来了如此多的负面作用的情况下，我们应该明确地让自己远离那些非必要性的加班。

（2）停下工作，给自己一个放空的时间

很多人未能意识到，当我们过度专注于某事时，本质上其实是将自己禁锢在了一个盒子里面。因此，偶尔将自己的工作放下，拥有一些独处的时间其实非常重要。

独处时间对于恢复个人精神非常有益，沃顿一个持续至今的课题研究证明，若人们相信他们正在独自经历某件事情，他们会形成更加持久、更加准确的记忆。而同样著名的哈佛大学也有研究证实，在一定程度上进行独处可以令一个人更能理解他人，事实上，虽然没有人反驳在青少年时期过多的独处是不健康的，但一定的独处的确可以帮助青少年调节情绪，并在学校中获得更好的成绩。

（3）保持部分精力，让自己做到八成便叫停

从合理化的角度来看，若当天可以将工作完成 100 分时，其实做到 80 分便暂停是一种更有效率的方法。

有些人可能会误以为，这是一种将工作丢着不管的表现。其实，做到 80% 便暂停，干劲依然会持续到第二天，所以，即使放心大胆地暂停工作，脑中对工作依然会保有完整的记忆，到了第二天，因为只需要完成剩余的两成即可，所以立即便能够进入工作状态之中。

若是当天便将工作一口气全部完成，那么，第二天便必须要开始另一件新的任务。在面对新任务时，从开始到上手之间，往往会需要一些时间去热身，而这种热身往往会浪费不少时间，反而没有办法一鼓作气地将事情做完。

然而，若是接续前一天的工作，就算没有什么劲，也只需要循序渐进地工作即可，心情上会比较轻松。这样做还有一个好处：一旦前一天的事务完成后，做事的企图会处于巅峰状态，所以下一件工作往往能够很顺利地开始。

这种工作办法对于保持工作意欲相当有效，不过，需要注意的是，这种工作办法所强调的并不是投入全部心力但依然做不完，只能做到八成而不得不中止，而是在做工作时保留部分精力，见事情已经快结束，暂告一段落的意思。所以，不妨在面对工作时，放心大胆地告诉自己："今天到此为止！"暂时地休息一下。

通过这三件事情，使个人建立起一个工作"到此为止"的界限与意识，不仅工作效率会获得大幅度的提升，而且个人精力也会在有忙碌、有空闲的情况下，实现很大程度上的利用与恢复。

第三章

化繁为简，优化个人工作流程

在企业管理领域中，流程管理是一项重要的内容。每当企业效率低下、运作程序过度复杂导致问题层出不穷时，工作流程的优化便会被摆上台面。沃顿学子们专注于商业领域专业知识的学习，对流程优化自然熟悉无比。在企业流程优化过程中，他们总结出了一套可行性极高的个人工作流程优化方法，而这套方法对于提升个人工作效率、简化工作内容有着极大的帮助。

1. 意识到工作流程带来的巨大好处

企业管理中有"工作流程优化"，在研究企业管理的过程中，沃顿商学院的纳斯·艾伯特教授将"工作流程"引入到个人事务管理领域中来，并使它成为个人时间管理与效率提升的一个重要方法。下述案例便是在艾伯特教授的指导之下形成的个人工作流程。

工作流程优化表

		个人工作流程	部门：技术工艺部
			职务：工艺员
			姓名：李尔
时　间		流　程	说　明
每天	7：30～7：50	早会。	确定工作内容顺序。
	7：50～8：00	梳理工作内容与具体重要程度。	
	6.5 小时	车间现场服务：了解当天上午加工状况，解决出现的问题。	根据当日工作内容与重要程度，完成相应工作。
		整理查阅相关机械图纸、技术条件。	
		跟踪机械生产状况，学习最新生产工艺，并解决现场生产过程中出现的问题。	
		编制工艺卡等工艺文件。	
		根据要求设计相应产品零部件毛坯图。	
		将相关工作进行再次总结。	
		解决临时工作。	
每天	16：50～17：00	总结当天工作情况，明确当天遗留工作与问题。	初步确定遗留工作计划。

	个人工作流程	部门：技术工艺部
		职务：工艺员
		姓名：李尔

时　　间		流　　程	说　　明
每周	19：00 ～ 20：00（周一与周三）	参与技术培训。	
	周三	处理车间不合格品，填写不合格评审单。	
每月	2 日	上交每月工作总结。	
	10 日	上交每月绩效考核表。	

主要负责工作（日常项目工作）：

1. 机械技术工艺，对外联系等相关工作；

2. 机械工艺卡等技术文件编制；

3. 部门间联络与协调，工艺资料制作等相关工作。

企业管理领域中将工作流程视为工作效率的源泉，而沃顿人更是认为，流程决定了效率，影响着效益。好的工作流程可以令企业各项管理工作良性开展，从而保证企业高效运转。相应地，一个合理的个人工作流程总结，也往往可以起到促进时间管理效果、提升个人工作效率的目的。

具体来说，建立自我关键流程主要可以给个人时间管理带来三大好处：

（1）增强个人对整个做事过程的把握

仅拿"项目管理"这一领域来说，一位项目管理者多需要面对以下工作内容：项目申请、调研、设计、开发、测试、完善文档、推广几大内容。整个过程其实就是这样一条线，而多个项目则呈现为平行的多条线，每一个关键环节都是一个里程碑。项目管理者可以随时与项目经理进行沟通，从而更好地把握整个项目的进度、困难与预期结果等。

当然，这些只是"项目跟踪"过程中的环节细节而已，它们属于末梢内容，而与"项目跟踪"平级的还有"售后服务""资源协调"等。而你若可以将每天工作的关键流程都提炼出来的话，你便有了更方便进行时间管理的基础。

（2）对工作任务进行量化，以减少压力

担任过重要任务内容的人都会有这样的认知：有一种压力来自我们对任务本身的不可评估性。这种"无法评估"的现实存在，往往会使任务的结果也变得不可预期。不过，若你可以在工作过程中提炼出一套自己的工作流程的话，你便能够对目前任务的完成度进行一个量化的评估。

在进行了有效的评估以后，不仅可以减少个人压力，同时还可以调整如优先级、重要程度等任务属性，同时方便寻找下一阶段工作的重点。

比如说，某一项目哪怕再艰巨、再庞大、再难以评估，若它已经做到了"完善文档"的阶段，那么，其完成度基本上已经在85%以上了，那么，负责该项目的管理人员此时便可以松一口气。他的压力得到了释放，同时他也可以根据这一结果，来调整任务的属性。比如，为了该项目更好进展，他放弃了很多的休假时间与社交机会，如今，项目已经临近尾声，他自然可以在自己的生活中适当地增加一些社交娱乐活动，也不需要每日再加班熬夜工作了。

虽然在未将工作内容流程化以前，我们也会模糊地认识到：哦，到了写文档的时候了！但是，根据经验，基本上后面不会再有大型的任务，可以放松一下了。但是，若是个人在同时管理两个甚至更多的项目的话，那么，个人便很容易得上一种"强迫症"——感觉自己好像没有什么可忙的了，但又不知道为什么，总感觉自己还有什么事情没有完成。将自己的工作任务量化、流程化，对于释放这种"不知所终"的压力有着巨大的帮助。

（3）帮助个人形成更好的做事习惯

你知道这个世界上什么事情做起来最轻松自如吗？答案很简单：已经形成了习惯的事。当我们做一件自己早已习以为常的事情时，就如同电脑数据直接在内存中运算一般，运行速度将大大提升。

你会感觉每天打开电脑、打开各类软件、与朋友聊天累吗？自然不会，因为我们通过练习，早已将这些行为变成了一种下意识的习惯。但是，回想一下自己第一次接触电脑时的窘迫模样吧：不知道如何运用鼠标来更好地操作，在面对键盘上的诸多字母与符号时，原本灵巧无比的双手更是变得笨拙了起来。

这种"无从下手"其实就是因为当时你还未通过练习，将"操作电脑"这件事情形成习惯而导致的。

与"操作电脑"一样，若我们可以给自己制定一个好的流程、形成习惯，那么，工作起来便会轻松很多。

不过，虽然工作流程有诸多的好处，但大部分人并不清楚如何形成有效的工作流程，对此，艾伯特教授认为以下两点可以形成有效的指导：

（1）进行工作分析，形成工作流程

工作分析是形成工作流程的重点。工作分析就是对个人工作性质与类型进行分析，并根据工作元素、工作过程来实现工作内容的流程式表示。

①工作元素

工作元素中拥有工作属性、工作办法与具体事件三种内容：

- 工作属性：用来描述元素的特征，比如，元素的名称、职位等；
- 工作方法：用来描述元素的业务处理，不同的业务与业务数据都可以通过恰当的方法来处理；
- 具体事件：描述工作过程中的具体事件，并通过方法处理以得来恰当的结果。

②工作过程

工作过程拥有属性与目标两种：

- 属性：用来描述工作过程的具体特征，比如，工艺员在工作过程中的具体工作事项；
- 目标：即过程的目的地，是工作过程最终要达成的结果。

（2）明确优秀工作流程的具体标准

一般来说，如果个人的工作经常有重复的步骤，且重要项目较多的话，那么，个人工作便有必要制定出明确的工作流程。比如，若你是一位培训师，你便可以针对自我工作写出一套从规划、组织到安排课程的具体流程步骤；若你是一位老师，那么，你每日的关键流程可能是：备课、上课、跟踪。虽然每一个流程中具体要做的事情肯定是不同的，但这几个环节往往是必不可少的。

一套好的工作流程应遵循三大标准：

①明确性

即流程中的每一个步骤都相当明确且拥有相应的执行标准；

②简单与可行性

它不仅简单而且方便个人操作；

③结果的可控性

不仅个人在操作过程中可以预见事项的走向，即便是换人来操作，最后依据于流程操作的结果，也往往相关不远、在相似范围之内。

当然，我们每日遇到的事情并不会完全在自己的预料之中：毕竟时间管理不是万能神药，而我们也没有可以左右时间的能力。所以，一个良好的"例行工作流程"，还需要一个优秀的"临时突发事件处理流程"来结合起来使用，两者配合，个人时间管理才会变得更加高效与优秀。

2. 成功者的时间管理：用 20% 的时间去做 80% 的事情

管理领域中最著名的二八原则产生于犹太人文化中——古犹太人认为，这个世界上存在着一条"78 : 22"的宇宙法则。世界上很多事物，都是按 78 : 22 的比率存在的，比如，空气中氮气占 78%，氧气及其他气体占 22%；人体中的水分占 78%，其他占 22%；等等。

精明的犹太人将"78 : 22"法则也用在了生存与发展之道上，并将之简单定义为"二八法则"：将精力用在最见成效的地方。

美国企业家威廉·穆尔创建自己的公司以前，曾在格利登公司销售过一段时间的油漆。成为油漆销售员的第一个月，他仅挣了160美元。此后，他在无意间遇到了犹太人经商的"二八法则"，并根据这一法则对自我销售图表进行了分析，并发现，自己80%的收益是由20%的客户所创造的。

于是，这位精明的商人向公司要求，将自己最不活跃的36个客户重新分派给其他的销售人员，而他则将精力集中在了最有希望的客户上。不久以后，他的月收入便上升到了1000美元。在学会了这一法则后，穆尔连续九年持续地运用它，并最终运用它一举成为"凯利·穆尔"油漆公司的董事长。

实际上，二八法则在管理界早已被熟悉且广泛地运用着。比如，通用电气公司在薪酬制度的制定上，永远将奖励放在第一，它的薪金和奖励制度使员工们工作得更快、也更出色，但它只奖励那20%完成了高难度工作指标的员工。往日的手机巨头诺基亚也信奉二八法则，并为最优秀的20%的员工设计出了一条梯形的奖励曲线。

在时间管理领域中，二八法则同样适用。在"付出"与"收获"中，人们常常强调"一分耕耘一分收获"，但二八法则却为我们提供了另一种说法，它所强调的是"一分耕耘多分收获"：你只需要在时间管理的过程中抓住重点，便可以获得多数的成果。

现实生活中的二八法则

20% 的人认为行动才有结果←——→80% 的人认为知识就是力量

20% 的人有目标←——→80% 的人爱瞎想

20% 的人在放眼长远←——→80% 的人只顾眼前

20% 的人做简单的事情←——→80% 的人不愿意做简单的事情

20% 的人明天的事情今天做←——→80% 的人今天的事情明天做

20% 的人能办到←——→80% 的人不可能办到

续表

20% 的人计划未来←——→80% 的人早上起来才想今天干什么
20% 的人按成功经验行事←——→80% 的人按自己的意愿行事
20% 的人受成功的人影响←——→80% 的人受失败的人影响
20% 的人相信自己会成功←——→80% 的人不愿改变环境
20% 的人永远赞美、鼓励←——→80% 的人永远漫骂、批评
20% 的人会坚持←——→80% 的人会放弃
20% 的人敢于面对困难←——→80% 的人逃避现实
20% 的人成功←——→80% 的人不成功
20% 的人用脖子以上赚钱←——→80% 的人用脖子以下赚钱
20% 的人正面思考←——→80% 的人负面思考
20% 的人买时间←——→80% 的人卖时间
20% 的人重视经验←——→80% 的人重视学历
20% 的关键正能量产生了 80% 的影响，找到你的关键的 20%，你便能够获得正能量，进而取得成功。

虽然如今二八法则已广为人知到如同常识，但大多数人对于如何找到自我事项中真正重要的那 20% 还是心有懵懂。事实上，我们完全可以通过确定、实施两大步骤，使二八法则在自我时间与人生管理中产生积极的作用。

（1）精心确定重要的 20%

做要事而非做急事的观念如此重要，但常常为我们所遗忘，我们有必要使这一重要的观念成为个人工作习惯，在每一项工作正式开始时，都必须首先让自己明白什么是最重要的事情，什么是我们最应该花费最大精力去重点做的事情。

精心确定事情的主次对我们养成这样的习惯有帮助，在确定每一年或者每一天该做什么以前，你必须要对自己应该如何利用时间拥有更全面的看法。想要做到这一点，你需要问自己以下几个问题：

①我从哪里来，要到哪里去？

虽然职责、人生不同，但我们每一个人都肩负着一个沉重的责任，虽然眼下我们都在做着一些平凡的事情，但再过 10 年或者 20 年，我们中的一些人很有可能会成为公司的领导、大企业家、大科学家。所以，我们要解决的第一个问题就是：我们要明白自己将来要干什么？唯有如此，我们才能够朝着这一目标不断地努力，将一切与自己无关的事情统统抛开。

②我需要做什么？

要分清工作中真正重要的那20%，我们还需要弄清楚自己需要做什么。总会有一些任务是你非做不可的，重要的事情你必须要分清，某个任务是否一定要做，或者是否一定要你亲自去做。这两种情况是完全不同的，非做不可、但并非一定由你亲自去做的事情，你可以委派他人去做，你自己只负责监督其完成即可。

③什么能够带给我最高的回报？

我们应该将精力与时间都集中在那些能够给自己带来最高回报的事情上，即自己会干得比他人出色的事情上。在这方面，我们应再一次强调二八原则在时间管理领域中的重要性：我们应该用80%的时间来做那些能够带来最高回报的事情，而使用20%的时间去做其他的事情。

（2）小记事本＋坚定的心，成就二八法则

你很可能近年来通过某些渠道早已了解了二八法则，但却并不知道如何在现实生活中具体地运用它。其实，二八法则在时间领域的运用完全可以依据于上述重点，分为三步走：

①对自己手头的事情进行一个全面的评估

你需要从目标、需要、回报与满足感四个方面，对自己要做的事情进行一个全面的评估。比如，你下周有一个考试，而今天晚上本该复习的时间，你却想要看一部电影？在这种情况下，你会怎么做？

真正重视二八法则的人会先评估一下：电影带来的短暂的视觉满足，与考一个好成绩所带来的长久好心情，哪个更重要，哪个回报更大？很显然，后者远比前者更重要。更何况，看电影可以放在那些质量不高的时间段中，眼下，最重要的事情是去复习。

②学会"删除"与"委托"

删除不必要的事情，将要做但不一定要你做的事情，委托他人去做。你很可能已经学会了这一步，而且已经在应用了：你会让下属帮助你复印文件，你会在工作日的中午请他人帮你买饭……这一点，大部分人都会，而且往往做得很好。

③记下你为达到目标必须要做的事情

你需要将你为达到目标而必须要做的事情一一地记下来，包括分解任务、完成任务需要多长时间、在做任务的过程中谁可以帮助你完成任务等。

这也是对前两步的最终总结。在完成了第三步以后，你的小本子上记录的东西就是运用了"二八法则"的时间管理。

由此来看，二八法则并不是什么高深莫测的东西，相反，它很简单，但这并不意味着它是易行的——执行的过程中，需要你以强大的意志力作为辅助，否则，二八法则便会被无穷的琐事与非重要事项所破坏。

3. 用纸与笔，实现工作事项的压缩与简化

每当工作项目又多又杂时，往往效率会降低，接着便开始拖延做重要的事情，但最令人无奈的是，接下来便会一环拖着一环地影响了你的整体工作，你的心情也会越来越糟糕，可是事情却越积越多——最后你很可能什么都要做，却什么都没有做。在这种情况下，什么样的时间管理技巧能够拯救你的工作？

斯蒂芬·波拉里纳在自己的《现在就做》一文中写道："我坚持使用纸、笔记录要做的事情。我唯一的时间管理工具只是一个笔记本，在上面，我写下自己所有的任务以及它们的完成期限，而且，我会首先确定最重要的事情，我并不会为预先的安排与次序担忧。我只需要看一眼清单，并选出合适的空余时间要事即可。一完成这一任务，便将它从列表中去除。"

他所提到的"将事情写下来"是一个简单易行的时间管理办法。不过，相比于过往他所强调的"写下来"的方法，如今他新创造出来的"写下来"拥有

更多可借鉴的意义。

（1）写下你需要做的事情，然后将它变成一张清单

这句话听起来很像是"列工作清单"这种人人都知道的时间管理技巧，但其实我们所提的方法有所不同：一般列工作清单是在做之前便将事项一个个地列出来，它所强调的是"先列再做"，而此处的"列清单"则是"先做再列"。

首先你要拿出纸与笔——不需要纠结于纸是什么样的，更不需要特意地购买一个精装版的笔记本，因为当你整理完以后，你便不会再需要它。

然后将纸与笔放在你工作过程中随时可以拿出来写的地方——你的右手边是一个不错的选择。当你准备好纸笔、开始工作时，把握这样一个原则："当下做什么便立即去做，不过，在做以前先将它写下来，做完以后马上划掉！"

一开始，因为你的清单上面是空无一物的，所以，你并不需要照着清单去做事，也不需要去决定哪些事情先做或者后做——此时，你的脑袋与你的意识在起着最重要的指导作用，它们想要做什么事情，你便去实施什么事情，不管什么事情都可以，就算你去整理办公桌或者仅仅是去泡一杯咖啡也要将它写下来。总之，做了什么事情便立即写下来，当做完以后，便将这件事情划掉。

（2）先预热你的思维

想到什么便记录下来，然后马上去做，做完再划掉，波拉里纳将这样的方法称为"头脑预热"。这与电脑运作方式有所相似：电脑需要开机与热机以后才会跑得顺，人的脑袋也一样。

当你坐在办公桌前，开始做第一件事时，你就是在让你的脑袋与身体进入工作状态；当你做完第一件事以后，便要做确认动作，将那件事情打钩、画删除线或者加星号都可以。做完第一件事以后，马上去做第二件你想要做的事情，其步骤一样：写下它，完成它，确认它。就这样，一件接一件地将脑海中想要做的事情做完。

需要注意的是，"想到什么就去做什么"并不意味着你可以将"要事优先"

的做事原则摒弃掉，而是指，在思考好了哪件事情最重要的基础上，再跟随自我思维去进行"先做哪一件事"的选择。

你很可能在做一件事情的时候，会想到另一件应该要去做的事情，此时，你需要赶快拿起旁边的纸与笔将它写下来，然后继续做正在做的事情。当你做完以后再回头去想刚刚中途想到的那件事情，然后，与你当下脑袋中想要做的那件事情比较一下，并明确自己想先做哪一个（通常是相对重要的那一个），接着便去做那件事。

（3）将未做的事情标注出来

经过几个小时以后，你的纸上应该已经有不少的事情被划掉了，此时，跟一开始什么事情都没有做比起来，你应该会产生不小的成就感，因为你会发现，随着时间的推移，自己做了不少事情。

波拉里纳将这一过程称为"清空"：将自己心中想要做的事情都先倒出来做完，心中不仅会更踏实，而且个人效率也会相对提高。

不过，此时你很可能又想到一个问题：好像依然有重要的事情被拖延下来，到现在还没有做？

没错，就算你时时提醒自己要秉承"要事优先"的原则，但因为人的大脑有着本能的惰性，因此，在做事过程中，你必然会将相对较难的事情放在后面，甚至极有可能你已经忘记了那件最困难但重要程度相对较弱的事情。

想到这样一件还没有做的事情时，不需要立即行动，让自己先冲一杯咖啡，再将自己手边那张画满了线的纸拿起来检视一下，然后，将还没有做的事情用笔标注起来，最后立即开始行动。此时，你经过了短暂的休息，而且因为已经完成了大部分的工作，且拥有了成就感，所以你的头脑会比之前清楚很多。在这种状态下再去做困难的事情，你会发现，自己的创意、灵感不断地迸发了出来，不仅问题看起来没有那么难了，就连做事的速度也快了很多。

照这样的办法工作一整天，你将完成不少的事情，不管是大事、小事还是杂事，只要有事情完成，心中便会比较踏实。下班以后，将当天的清单收起来，接下来你还会用到它。

（4）对比压缩，让常做的事情进一步简化

接下来的两三天时间里，每天重复这样的方法：预热大脑→清空事件→做较困难的事→下班后将清单收起来。几天以后，找个空闲的时间，将这几天的清单拿出来对比一下，在对比时，注意将这几天每天都会重复去做的大小事件使用不同颜色的笔标注出来。

标注完以后，你要将这些事情再用一张纸写下来，因为这是你每天都要做的事情，而且很可能很多都是如倒水、送文件、复印资料一类的小事与杂事。

接下来，将这些小事以最有效率、能够在最短时间内最快做完的顺序排列出来，并形成流程。波拉里纳将这一过程视为工作内容的"压缩"：将一些常做的事情有效率地压缩与简化，甚至你可以从压缩的过程中判断出，有些事情其实你根本不需要每天去做，而你眼下每天重复这些本来没有必要去做的事情的原因，只是为了追求"我在做事"的踏实感。

找到这些事情并将它们以最快速度做完的方法排好顺序以后，每天安排出一段固定的时间，集中将这些事情做完，即一口气"清空"这些内容，然后，其余的时间便用来做一些重要的事情。

由于你已经知道那些扰人的小事、杂事会在特定的时间被完成，因此，你的心中会有"已经完成这些小事"的感觉，所以，你往往更能专注于做手中那些真正重要的事情。

这种通过先预热大脑再清空心中的事的办法，最终目的是要让你专心于最重要的事情上，而且，由于你非常有效率地将小事、杂事都做完了，你会有更多的时间去做真正有价值的事情，从而使自我工作流程在得到优化的同时，获得更高的工作效率与产值。

换个角度来看，若你手边的事情多到不知道要从何处下手时，用这样的方法也能够帮助你尽快脱离工作焦虑、重新回到工作轨道上来。若你现在找不到一个马上能够优化个人工作流程的方法，试试它，你会发现，自己的效率真的提升了不少。

4. 一周事项清晰化，让非计划类事件更好完成

很多制定日程表的人从来没有真正地去实行过，所以他们会对时间管理失望，并最终放弃了这种做法。在帮助众多的企业实现更好的项目管理的过程中，费雷·法尔曼博士发明了一种更便捷的时间管理方法，用于追踪那些不属于必做事情的时间轨迹——他创造出了"非计划"这一概念。非计划表格的实施，帮助了很多人更好地实现了个人生活与工作的优化。

一位设计工程师计划向他的客户提交一份设计稿，他要求自己在下一周将这份设计稿完成，并计划每天花费 3 个小时在这件事情上面。

可是，当他依据于"非计划"表格审视自我时间以后，他发现，自己每天的事务繁多，甚至连两个小时都挤不出来，更不要说连续 7 天花费 3 小时在设计稿上了。仅就目前的日程表来看，他的目标根本无法实现。通过了解自己已经有多少时间被安排好了，他明白，他在"一周完成设计稿"这件事情上没有任何的胜算。他只有两种选择：要么修改目标，要么修改接下来一周的日程表。

若你已经为自己的下周选定了一个期待完成的目标，你是否想过什么时候正式开始实施它？为了更现实地运用个人时间来达成目标，提前进行计划是明智的举动，但事实上，很多人无法接受"提前计划"这一概念。

计划要考虑到未来，而人们多想活在当下，所以，某些人可能会抗拒去做计划。计划会让他们感觉自己被锁定在了未来某一项活动上，这会让他们有种"落入圈套、失去自由"的感觉，而这种感觉会带来巨大的压力。在巨大的压力之下，他们很可能会越来越抗拒对未来进行妥善的安排。

对于这部分人而言，"非计划"表格显然拥有更多的可用性。"非计划"是一个每周日程表，它将你所有必须要去做的事情列了出来，同时可以帮助你在

两天以内实现你的目标：

- 首先，在提前了解你有多少时间已经安排给了必做的事情以后，对还剩余多少时间可以用于自我目标，你便心中有数了。
- 其次，它可以帮助你在每周结束的时候进行一个回顾，看看你的时间实际上用在了哪些地方，这对个人监督有极大的帮助。

在实施"非计划"的过程中，法尔曼博士提醒我们需要注意以下几点。

（1）记录可预见的活动，实施"非计划"表格

为了避免出现"我不知道我的时间跑到哪里去了"的窘境，从你决定实施非计划的第二天开始，想一下接下来的七天，并事无巨细地将你在接下来的一周内要做的、可以预见的所有活动都写下来，在那些你知道会有事情发生并占据了你时间的钟点上做好标记。

①若你确切地知道什么时候你会做哪一件事，便将它记在相应的空格内，比如，一次午餐约见，周三的 12：00~13：00。

②若你无法确切地预料做事的时间，那就估算一下它会占用的时间长度，然后在你可能会做这件事的那一天上标注出来。

③将已经安排好的事务都包括进去，比如，晚上的发呆时间或者某个聚会时间；除此以外，你还要将日常活动也标注出来，比如，像日常购物或者给汽车加油一类每周都要去做的事情。

④将你生活中所有的事项全部考虑进去，安排好的会面、工作时间、具体的社交活动、用餐时间、干家务的时间、睡眠时间等。若你经常晚上看某个电视剧，或者有自己固定要看的节目，也将它们记下来。不要忘记了额外的那些活动，比如上下班的时间与外出旅行的时间。

若你感觉自己可以凭脑子记住所有的事情，那么，你未免有些自恃过高了。为了避免遗忘，你需要用一个日历来提醒自己这些事务，因为你很容易便会忘记某些事情，你需要明白，这并不是在要求你将自己应做的事情写下来，因此，不要将你希望开始实施可操作目标的事情写下，那种认为应该给旧友打个电话一类的事情也不需要记下来——它并不是要求你保证去做任何额外的事情，只是要求你确认在即将到来的一周里，已经安排好了哪些时间。

（2）观望自我一周时间，了解个人时间管理状态

当你完成了这张计划外表格的填写以后，再仔细地检查一遍。看：这张表格代表的是你在下一周的生活，当你亲眼看到自己接下来的七天安排以后，你会有怎样的感受？你是否被这些要做的事情搞得非常心烦？你是否对那些未安排事情的时间感觉忧心忡忡？你是否因为自己的时间很少而感觉烦恼？

在观望自己如何度过这一周时，观察一下自己的感受，并思考这份日程表中有什么样的因素导致了你产生那样的感受？

从这张表格中，你可以了解自己有多少时间能够用于完成你的目标。这张"非计划"表格为你显示的，是你可以最大限度利用的时间，其中的空格反映的是你未安排的时间。当然，没有人会将所有这些未安排的时间都用于完成目标，但是，"未列入事项"的表格显示的是你究竟有多少时间可以利用。

通过这张"非计划"表格，你会意识到，自己目前对时间管理处于怎样的阶段。一位出色的沃顿研究生在未做这个表格以前，并没有意识到每天8：40起床去赶9：10的课实在太紧张了，难怪他会在随后的一连串活动中迟到。

（3）检查"非计划"表格，看自己是否在拖延

有时候，人们在检查自我事务时会发现，他们的大部分时间被社交、娱乐活动所占据。这些人提前为自己找好了借口，以便当时机到来时，他们可以认为自己必须要先完成一些已经设定好的事务——这些人没有意识到，他们其实是在拖延。

"在工作以后，我安排了很多的娱乐活动，这样我就不需要再去面对什么时候开始写书这一问题了，"一位编辑这样说道，"也就是因为这样，我几乎没有什么时间能够用于完成自己的梦想。"

仔细看一下自己的"非计划"表格：在你的生活中是否有什么常规性的内容不存在了？有些人不允许自己有任何的娱乐时间，因为他们总是落于人后，所以他们认为自己不配得到休息的时间；有些人则用娱乐活动将自己的时间排满——但事实上，两者都是在故意拖延。

（4）记录时间，并奖励自己

当你在实现个人可操作目标或者其他的项目时，你也可以使用"非计划"来计划自己的进步。你可以把自己为达成目标而工作的小时数记录下来，从而实现自我监测。有研究证实，自我监测对增进工作时间、提升工作成就大有帮助。另外，自我监测还有助于个人时间概念变得更强，而对个人达成目标的工作时间进行计数，便是面对现实的一种表现。

当你通过记录发现，你一个星期只花费了一个小时在完成目标上时，你便无法欺骗自己说，你已经完成了很多的事情。而当你一周花费四个小时在完成目标上时，你也无法假装说，自己其实没有努力。

或许你会发现，你对自己所做的感受与这些数字告诉你的事实并不相符——你在某个目标上花费了 10 个小时而没有一点成就感。但是，若你将这些小时数记录下来，至少在你面前有一个有形的证据可以用来说服你失望的情绪——你可以使用这种客观的方法，对自己如何运用时间的主观认识来加以纠正。

随着一周时间的过去，当你发现自己记录下来、用于达成目标的时间越来越多时，你投身于目标的积极性便会越来越高：这些记录就如同幼儿园里的"大红花"奖励一般，每一次记录都会让你产生一种心满意足的感觉。你不会再想拖延或者放弃，而是一心只想再多做一些。

5. 明确划分，让艰巨的任务不再拖沓

有些人做起事情来非常拖沓，这种拖沓与拖延有所不同：拖延是在自我调

节失败以后，在可以预料后果有害的情况下，依然要将计划要做的事情往后推迟的一种行为；相比之下，拖沓则多是自己纵容自己，在做事时不爽快、不简洁。从旁观者的角度来看，你在做如看电影、看新闻一类好玩的事情，而不是在做真正的工作。但问题的关键在于，你究竟为什么会这样？你的脑子里到底是怎么想的？

宾夕法尼亚大学的心理学家拉曼·雷利加发现，做事拖沓也是一种病。雷利加专门研究人做事拖沓的倾向，他将那些喜欢将该做的事情尽量往后拖的人，称为患有"慢性拖沓症"。

做事拖沓的人全世界都有，而且他们远比人们想象的普遍。根据最新研究证实，约有20%的美国成年人是慢性拖沓症的患者。拖沓最常发生的地方是学校，特别是在大学里，交作业的时间跨度往往很长，不少学生总喜欢熬到要交作业的前夕才会真正地动笔。从老师布置作业起，到提交作业的漫长过程中，他们花费很多的时间去娱乐消遣或者忙于其他事情，而这样做其实使学习的效率大大降低了。

那些有此症表现的人们，他们非常清楚自己正在纵容自己，但是，他们就是没有办法让自己爽快利落地投身于任务中去——哪怕任务真的非常重要，他们也宁愿等等再做，至于为什么会这样，他们也不清楚。

雷利加与自己的同事们花费了很多时间来研究这件事，而他们能够给出的最好解释就是，大脑会给每一项任务赋予一个"脑力场"。这个"脑力场"就如同磁铁之间的相互作用一样：若你让正负两极相对，它们就会相互排斥，你会感觉到它们之间的磁场力；在这种情况下，你越是想要将它们和在一起，越会感觉到它们之间的排斥力。

心智与精神上也是类似的，它是看不到、摸不着的，但是你却可以感受得到它的存在，并且，你越是想要接近它，它反而会离你越远。在这种情况下，你不可能通过蛮力来克服两个场之间的排斥力，相反，你需要做的是调转方向。

那又是什么使"精神力场"得以产生呢？其实最大的原因就是任务本身：任务本身过于艰巨，往往会使任务与大脑之间产生排斥力。而解决的办法则需要我们从正视任务、卸载心理负担开始做起。

（1）通过倾诉卸下心理负担

在面对一项拥有难度的工作时，我们往往会产生困惑、烦恼等各类情绪，在这种情况下，如果能够通过倾诉，先将心理负担卸下来，再去面对困难就容易多了。

如何倾诉也是一门学问，它不仅需要你找到对的人，同时也需要你把握好倾诉的内容。倾诉不是抱怨，更不是将问题摆出来，指望他人替你解决——更准确地说，倾诉其实是一种表达，即将自己对这件事情的期望、担心、恐惧与深藏于心底的愿望使用语言表达出来。

完整而准确的表达不仅能够解除思想上的重担，而且令人立即体会到轻装上阵的感觉，从而集中精力将具体问题解决。

（2）明确任务的要求

困难的任务最典型的一个特点就是，它们提出了超出个人能力的要求，而明确任务要求又是将艰巨任务实现简化的首要步骤。其实，当我们做一件事情时，不管它是简单的还是复杂的，我们都要明白它的要求是什么，达到怎样的标准才能够算是合格。这如同你受命去为公司购买一台吸尘器一般，你首先要知道，公司想要的是什么样的吸尘器：它需不需要拥有除吸尘以外的附加功能；它的具体定价应在多少钱以内；在购买时，是要选购那些外观炫酷的，还是经济实用类的即可。

明白要求是什么，知道了具体的标准，这样才好根据要求来完成任务。而了解要求最好的途径就是从任务的委派者或者任务本身去了解——你若需要参加一场专业考试，你就要从主办方、出卷方去了解；你若接受的是公司的委托，你就需要从委托者那里去了解。将要求一点点地清晰化、明了化，接下来的任务分解才会成为可能。

（3）将任务进一步细分化

人类从骨子里都有好逸恶劳的倾向，而我们的大脑更是会自动地回避那些它自认为是困难的任务。而一个任务看上去非常艰巨的最直接原因是这个任务很宏大。比如，你想要做一个机械构造程序，那么，没有人能够一下子完成它——这是一个目标，而不是一项任务。一项任务是使你可以朝向目标更进一步的具体概念。而一个好的任务是你能够立即拿来实施的，比如，"画一个展示机械构造的草图"。

当你完成了上一个任务以后，下一步便会变得更加清晰，你会考虑一个成型的机械有什么构造，在设计这一程序时，你需要什么样的搜索机制，如何构建程序的数据库，等等。这样一来，你便构建起了一个引擎，而每一个任务都会通向下一个任务。

因此，面对每一个比较大的项目时，你都应考虑一下，你需要完成一连串什么样的任务才能实现它，并将这些任务加入自己的待办事项清单中去。同样，当你做完一些任务以后，将接下来需要完成的任务再加入任务列表中去，这样便可以实现任务管理的细分化。

（4）简化任务

除了任务太过宏大以外，另一个让任务变得艰巨的原因就是，它太过复杂。比如，若有人突然布置给你"写一本有关动物繁殖的书"这一任务会让你感到无从下手。事实上，如果你能够先从写一篇与动物繁殖相关的文章开始，任务便会简单得多。如果你认为写一篇文章也是一件艰巨的任务，那么，就先写一个段落概要吧！最重要的是，你真正地做了一些工作，而那件看上去艰巨的任务也真正地有所进展。

一旦你明确了自己的任务以后，你便可以更清楚地判断它，更容易理解它。提高与完善一些已有的东西，比从头创建一项新东西更加容易。因此，如果你的一个段落写好了，那么，在点滴的积累过程中，它便会变成一篇文章，并最终演变成一本书。

（5）认真地考虑它

通常来说，解决一个困难会需要一些灵感，如果你对那个领域不熟悉，你可以从研究这一领域开始。你可以通过向他人发问的方式来借鉴他人的经验，并通过阅读资料、搜集相关信息等途径，慢慢地研究与理解这一领域，并且做一些小的尝试，来看一下自己是否能够完成与搞定这一领域。

因为任务的艰巨性而变得拖沓，实际上是自己给自己设立障碍，就如同你背着一包砖头跑长跑一样。若你能够意识到这一点，并积极地采取以上措施，情况还是可以改变的。

6. 你不知道的小秘密：好情绪能提升工作效率

让我们使用一则在互联网上广为流传的笑话来理解"时间管理"与"情绪"之间的关系：有人帮全球首富比尔·盖茨算了一笔账，结论是，就算掉了一张1万美元的支票在地上，盖茨应该不会去捡，因为他可以利用弯腰的5秒去赚更多的钱。

向这一论点提供了理论支持的是沃顿商学院的经济学教授伍尔夫·达尔的统计报告。在报告中指出，盖茨的个人净资本已远远超过了美国40%最贫穷人口的所有房产、退休金及投资的财富总值。仅2005年的上半年，他的资产便增加了160亿美元，相当于每秒有2500美元的进账——这一数字的存在证明，即使弯腰5秒去捡1万美元的支票，对于盖茨本人而言也是一种时间上的损失。

从这个事实中，除了看到比尔·盖茨真的很有钱以外，我们还应看出另一种内容：管理时间更多的是一种行为管理，我们的行为直接决定了我们的回报。为了进一步说明这一理论，达尔教授对某公司的A、B两位销售人员进行了时间管理的研究。

研究展开前的现状是：在8月销售高峰期，A创下了几十万的销售业绩，而 B 连一分钱的业绩也没有。经过研究发现，其区别就在于，两人的时间管理不一样，在同样的时间里，他们采取了不同的行为，所以得到了不同的结果，而时间管理对于他们的销售业绩起了决定性的作用。

在销售的过程中当遭遇了第 N 个客户的拒绝时，A 的反应是："没什么大不了的，我得到了一个锻炼自己、改进不足的机会，下一次我吸取这一次的教训，客户便能更容易地接受我与我的产品了！" B 的反应则是："唉，为什么被拒绝的总是我，我真是太倒霉了，看来，这份工作并不适合我！"

两种不同的态度导致了 A、B 在"销售"这件事情上形成了完全不同的关注点，从而影响了他们对自我时间的安排：A 会通过多种渠道给自己充电，而 B 则会不断地自我否定、自我怀疑。因此，可以看到，A 的时间大部分用在了通往成功的路上，而 B 的时间则更多地用在了消化坏情绪上——很显然，相比之下，A 的成功的可能性更高。

从 A、B 的经历可以很容易地看出，时间管理的关键就是情绪管理。情绪决定了我们关注的焦点在何处，而焦点又决定了我们的时间用在哪里，是否将有利于我们快速地达成目标。很多表面上看来属于是个人时间管理的问题，实际上都是个人情绪管理能力的问题。因为，恰恰是我们每一个独特的情绪与思维变动，形成了不同的价值判断，而不同的价值判断又会造成个体间不同的行为。从这一角度来看，管理我们的时间，重在管理我们的情绪。

为什么有些人可以控制情绪，而有些人却总是会被情绪所控制？对于案例中的销售人员 B 而言，他是否可以不允许挫败感的存在，是否可以一直告诉自己"你是最棒的、最出色的"以改变自我情绪，获得更好的时间利用结果呢？这就牵涉到了情绪的真谛与控制情绪的秘密。

（1）我们必须要试着与各类情绪相处

意识与潜意识的发展告诉我们：所有的情绪多半是在无意识的状态下产生

的，即情绪是由潜意识来决定的。当我们生气、发怒与悲伤的时候，我们往往并不知道情绪要告诉我们什么。若我们一味地采用逃避的方式来解决情绪，那么，情绪就会如同浮在水面上的气球一样，就算从这边压下去了，也会在另一边浮起来。所以，我们有必要学习与各类情绪相处，从中找到真正的意义与目的。

强烈的情绪显示着我们的生命中有一些重要的事情正在进行，如果仅仅采用所谓的正面积极态度，有可能让我们错失重要的信号。尝试着从正面、负面与中性的角度来看待问题，重新下结论，可以从根本上解决情绪的"气球"问题，使我们的时间管理更有效。

（2）在行为过程中培养正念

正念被情商专家们公认为是对抗自主模式的最好的办法，它在心理学领域中也被广泛地运用在治疗各类负面情绪导致的疾病中，并获得了极佳的效果。正念即使用不批判、不评价的方式关注此时此刻发生的事情的一种状态，同时作为对个人注意力的管理，正念需要我们使用好奇、开放与接受的态度去关注此时此刻。

对此时此刻觉知力的训练，会让我们更好地觉知自我情绪与思维，从而更好地去管理它们。

（3）让自己抓住自动模式、活在当下

当你发现自己的思绪开始处于不稳定的状态，或者你的脑海翻来覆去地从负面去想一件事情的时候，抓住它，然后，让自己的注意力回到当下自己所做的事情上来。

在最开始练习的时候，由于对自我情绪觉知力不足，我们往往需要在情绪较强烈的极端情形中去感知自我情绪。以下是几个较为极端的场景中去觉知当下的感觉：

- 在婚礼、葬礼与其他拥有重大转折意义的仪式上；
- 自然灾害或其他不幸发生后对人们的影响；
- 经历身体或情感上的创伤时；

- 当我们被感动或者非常同情他人时。

其实，我们可以在任何自己感觉情绪强烈的情形中去体验自己的情绪，去觉知此时此刻我们身体的反应与我们的情绪是如何让我们产生行为动机的。

（4）减少多线条做事，专注于自己的呼吸

同时做很多事情会使你变成自动模式，因此，应尽量减少同时做几件事情的时间。比如，吃饭的时候就仅仅吃饭，而不是玩手机或是与他人聊天；走路时就专注于走路，而不是听音乐或是打电话。专注，是你"活在当下"所有经历中的最基本保证。

当你发现自己的注意力不在当下自己所做的事情上时，可以简简单单地将注意力放在自己的呼吸上，坐下来，轻轻地将手放到你的肺部，体会它随着呼气与吸气时的起伏——这是我们关注当下的一个窗口，更是我们关注当下的具体渠道。

（5）记录与跟踪自我情绪规律

心理学家最常用的提升情绪控制力的办法就是"跟踪与反思"，从现在开始，记录并思考自我情绪是一个不错的办法。你可以设置每小时、每半天、每一天类似的时间单位，并记录下在这个时间单位中个人的情绪变化，并从中寻找它们的规律。在记录了至少两星期以后，你可以看看自己的情绪呈现出什么样的规律，并且问自己以下几个问题：

①什么人 / 事 / 时间 / 场景会使我产生激烈的情绪反应

这就是心理学中所谓的"情绪按钮"，一旦情绪按钮被触发，个人可能会产生激烈的情绪反应。比如，你若很在意自己不太高这一特征，当他人建议你换双更高的鞋子时，便可能会触动到你的情绪按钮，从而让你产生激动的情绪。而你需要意识到，你的确有这样的按钮存在。

②你在什么状态下精力充沛，又在什么状态下疲惫不堪

你通常在做什么或者跟什么人在一起的时候感到精力充沛？又在做什么或者跟什么人在一起的时候觉得疲惫不堪？这是一个对个人情绪管理非常关键的

问题，因为若你不知道什么让你平静与喜悦、振奋与好奇，你便无法在生活中更多地获得它们。

③记录与跟踪个人情绪的规律

每当你拥有较为强烈的情绪时，你是如何管理与应对的？比如，试图掩盖、逃避，或者是批判自己不应有这样的情绪，甚至是倾泻在他人的身上。知道了这一问题的答案，你有可能改变自己习惯性的不良应对情绪的方式。

让我们再重复一遍：管理时间就是在管理行为；管理行为，其背后其实就是对个人情绪的管理。投资我们的时间，便是在投资我们的生命——从这一意义上来说，我们的确应该将上述情绪管理过程坚持下来。

7. 善待"黑天鹅"，妥当应对临时突发事件

在发现澳大利亚有黑天鹅存在以前，欧洲人认为，天鹅都是白色的。"黑天鹅"曾经是欧洲人言谈与写作过程中的惯用语，用来指那些不可能存在的事物，但这一原本不可动摇的信念随着第一只黑天鹅的出现而全面崩溃。

在我们的日常生活中，也常常会有这样的"黑天鹅"存在。对于一个钟情于事事都安排好具体时间的时间管理者而言，他们看似完美的日程表，往往会因为这样的"黑天鹅"出现，而陷于崩溃。

戴亚本来已经计划好，周一早上在办公室完成一个采购计划，这样便可以将产品与客户新需求相衔接，接下来，自己新的营销攻略就能够顺利地开始了。可是，周日晚上时，他的上司却意外地打电话给他："戴亚，我们在北部的工厂遇到了销售难题，那边的业务部经理指名要你过去指点一番。"

此时，戴亚既感觉无奈，又没有任何办法，他总不能拒绝上司说："对不起，我打算明天早上写好自己的采购计划，你应该在我上周制定这一计划的时候通知我——如果我答应了你，我就要损失上万美元的个人收入了！"

戴亚遇到的便是个人工作过程中的一只"黑天鹅"。生活中的这些"黑天鹅"事件往往是层出不穷的，其实总结下来，往往是一个原因：人是群居动物，人生活在社会中，便决定了你的时间有一部分需要受到他人的影响。从这种突如其来的"黑天鹅"事件中，我们需要明确"计划"与"变化"的概念。

- 计划：是对已知或者预知的日常事务进行排程，是对"白天鹅"的处理，求全、求尽。
- 变化：是个人无法预测或者暂时无法预测的事务，是对意外事件的通俗称呼，而一个变化往往会将全盘计划打乱。

人们常说，智者可以说通未来，但事实上，真正的智者是那些知道自己无法准确说通未来的人。为自己的时间表留出足够的空白时间的同时，让自己更妥善地去应对突发事件，这样我们才能够真正地体会到时间管理带来的真正价值，才能感受到控制自我时间、行程与生活的感觉。

想要更好地应对生活中的临时突发事件，我们可以借鉴沃顿时间管理专家大卫·爱伦的做法。

（1）不要让临时突发事件影响到你的情绪

在做事时，情绪与节奏往往是最重要的，不管是足球赛场还是社会舞台，时间管理的目的就是让我们的心达到心如止水的境界，我们如此讨厌临时突发事件，就是因为它们总是会轻而易举地扰乱我们的情绪，而诸多的"黑天鹅"的到来，就如同不停地往水池中投掷石块，如此一来，水面怎么可能还能平静？

说到这里，很可能大部分人都意识到了：我们不仅需要一套有效而优秀的时间管理系统，同时更需要一个健壮的情绪管理系统，或者可以说，我们需要通过锻炼，来使自己应对突发事件的情商得到有效的提升。

（2）重视"再次放入工作篮"的步骤

罗马不是一天建成的，哪怕你正在进行的工作刚刚开头，你便被意外的

"黑天鹅"叫走了，你也不应将该任务再次归类为"未开始事项"：当一个任务被开始处理以后，其实它已经不是原先那个任务了。所以，从这一角度来说，我们必须要重视如何处理这项任务。

很多人都有这样的坏习惯：他可以在瞬间把大脑清空，也可以把任务重新放入日程表中，但是，将这些任务进行分解以后，他们往往会将分解后的任务重新放入"正在进行"的"工作篮"中。事实上，如果你想要更轻松地面对临时的突发事件，你就必须要重视"再次放入工作篮"这一步骤。

（3）使用"两分钟原则"

"两分钟原则"是时间管理领域中一个出色的提炼，它是建立在许许多多人处理日常事务时的经验基础之上的。正如爱伦所说的那样："两分钟基本上是一道时间分界线，即从这里开始，你对某些情况进行归档保存所花费的时间，远远地超出了当你第一次发现这个问题时便动手解决所需要的时间。换句话来说，这是一条提高效率的捷径。"

想要更完美地掌握自己的时间，便要更精确地计算自己的时间。在使用"两分钟原则"时，我们可以配合"四象限法则"：临时事件也可以按轻重缓急分为四类，一般情况下，需要我们优先处理的突发事件是重要且紧急、不重要但紧急的。对于那些并不需要优先处理的临时突发事件，我们便需要运用"两分钟原则"来进行处理：在两分钟内可以处理好的，便立即着手处理；对于两分钟内无法处理好的，便将它当成一件"事项"，放入事件待办清单中去。

（4）学会保存当前的工作进度

若在经过了"两分钟原则"与"轻重缓急原则"的综合评估以后发现，临时突发事件的确是一件需要优先处理的事件，我们便需要做以下几个工作，以保证我们不会丢失当下手头工作的进度与思路。

①明确当前工作进度

你手头的工作做到了什么程度？尽量使用明确的语言向自己描述，比如，"我正在远程处理某客户的软件问题"。

②明确目前想法

你对手头的工作目前有什么样的想法？针对上述软件问题，你可能会猜测，有可能是客户下载流氓软件造成的。

③明确处理方法

手头的工作要如何处理？比如，自己若远程解决不了，便只能提供上门服务，或者转交给技术更高的人员了。

④明确下一步的行动

有关工作的下一步行动是什么？比如，将电脑中所有可疑的进程都关掉，然后，再打开软件测试一下。

⑤有条件便录音

极少人愿意将自己的工作进程以录音的形式保存下来，但事实上，将大脑中所有有关手头工作的东西全部一一说出来，对处理完突发事件以后再继续当下工作有着极大的帮助。

以上五个步骤相当于给大脑来了一个快照，使当下的工作进度更快地得以保存。保存完当前的工作进度以后，我们便可以开始着手进行临时突发事件的处理了。

（5）善待"黑天鹅"，将变化转化为计划

很多人未曾意识到突发事件与日常事务是可以实现相互转化的。对于一个拥有良好时间管理习惯的人来说，准确地处理突发事件，并将突发事件的处理进行总结、归纳，做好预测并纳入个人时间管理系统中来，便可以实现将一部分的突发事件转化为日常事务的目的。不过，想要做到这一点，你需要先达成以下五个要求。

①做好日常事务的计划工作

这样可以使日常事务处理的效率大幅度提升，在节约时间与精力的基础上，为突发事件的处理留下足够的时间与精力。

②做好总结与回顾

对于自己已经完好处理过的突发事件，要做好总结与回顾，以此来做好下次同类型突发事件的预测工作，并纳入"计划"中来，令曾经的"黑天鹅"变成"白天鹅"。

③预留出一定的时间

在计划日程表时，留出一定的空白时间，用来应对突发事件或者对已制订好的计划进行调整。若没有突发事件出现的话，便将这段时间用来处理一部分重要但不紧急的事务。

④做好应对突发事件的准备

突发事件既可能是一次危机，也可能是一次机会，因为化解危机本身就是一次展示自我能力的机会。平日里做好相关的准备，机会便会很快到来。

⑤制定好处理突发事件的流程

总结处理突发事件的经验，推测下一次突发事件发生的时间、事件等，并依此来制定出处理流程。用流程来确保在处理突发事件时不遗漏重要步骤或要素，能够更加完美地处理突发事件。

虽然临时突发事件是打乱时间管理进程的主要内容，但生活中我们偏偏经常会遇到。回避或者仓促地解决显然并不是最好的应对方法，如果你能够按上述办法，实现将"黑天鹅"常态化，那么，生活中的变化也将成为你计划的一部分。

第四章

改善：将浪费时间的活动通通砍掉

现实工作中，哪怕你计划得再周密，大部分的事情实际花费的时间都比预计的要长；超过一定时间以后，你的工作效率便会下降。沃顿学子们被要求，在有效的、能够维持高效率的时间段中，找出那些会导致时间浪费的主要因素，并依据于此进行个人时间管理内容的改善，这种改善往往是时间管理开始走向卓有成效的一个标志。

1. 非必要的事务委托，用拒绝来保障自我时间

拒绝那些不善于体谅他人却又十分苛刻的上司的要求，通常被视为是极度艰难甚至是不可能的事情。但是，沃顿人却深谙此道。

米亚达从沃顿商学院毕业以后，便在华尔街一家证券公司找到了一份令人羡慕的工作。若说这份工作有遗憾的话，那就是，她的上司总是希望自己的部属能够同时将数项工作齐头并进。

有限的个人能力与上司过分的要求，导致部门内很多同事压力巨大，因此而离职的人不在少数。但米亚达却并不因此而困扰——她有自己的一套绝招：她有一份自己的工作次序表，上面将来自于上司的、原已经过多的工作，按着"轻、重、缓、急"程序编排起了办事优先次序。一旦上司再向她提出额外的工作要求时，她会立即向对方展示这项优先次序表，并请上司决定，最新的工作要求在该优先次序表中应排在哪一个恰当的位置上。

米亚达的做法至少给她带来了三个好处：

①她让上司做主进行裁决，充分地表现了她对上司的尊重；

②她使上司意识到，自己的行事优先次序表已经排满，而任何额外的工作要求，都有可能令原有、既定的一部分工作要求没有办法按原定计划完成；因此，除非新的工作拥有极高的重要程度，否则，上司就不得不将它委派他人，或者直接撤掉它；另外，就算新工作非常重要，上司也不得不将米亚达原本工

作清单中的一部分工作撤销或者延缓，以使新的工作要求可以被执行；

③采用这样的方式来拒绝上司，在很大程度上避免了使上司误以为米亚达在推卸自己的责任。

可以说，这是一项极为有效的拒绝方法。不过，这样的方法是米亚达在接受了长达四年的专业学习以后才培养出来的时间管理技巧——对一般人而言，我们想要变得与米亚达一样擅长此道，就必须要经过更系统化的学习。

仅就普通人而言，我们所面临的请托可能来自于上司、部属或者同事，甚至是组织以外的人士。在很多的请托中，有些是职务所系而责无旁贷的；另一类虽然也是职务所系，但请托本身却是不合时宜或不合情理的；更有一类是个人根本没有义务去履行、应承的请托。引起个人时间管理混乱的，往往是后两类请托。

在面对不恰当的请托时，我们之所以不好意思拒绝，很可能是基于以下原因：

（1）接受请托远比拒绝更容易

接受请托固然比拒绝更容易，但如果仅图一时方便而接受请托，则可能导致后患：受托者在履行受托事项时，很可能会力不从心，更有可能支付不起昂贵的代价。

沃顿学子被教育说，在面对任何的请求、委托时，都要先去衡量下"接受"与"不接受"的后果。比如，你可以通过自问来进行衡量：

①这种请托对我重要吗？

②它对实现我的个人目标有帮助吗？

③如果我接受它，将要付出什么代价？

④如果我不接受它，需要承担什么样的后果？

在经过了这样一番"成本—效益"分析以后，再决定具体的取舍，这样会使个人更明确是否需要接受请托。

（2）担心拒绝会触怒对方，从而导致对方的报复

无可置疑，拒绝很可能会带来尴尬与愤怒，但是，来者不拒的作风更不可取。并非所有的拒绝都会导致尴尬，更何况，只要个人拒绝得当，将可在相当大的程度内避免或者消除疑虑。而一旦"报复"事件发生，则表示双方人际关系早已存在问题，而其根本挽救办法并非接受请托，而是换一种角度，去改善彼此的关系。

（3）想成为一个广受爱戴的好人

"不要为了成为好人而去做好人"——这是沃顿管理者在就学期间被教育的一项基本管理原则：若为了成为好人而有求必应，则各类请求便会源源不断地涌来。一旦你办不妥受托的事项，则不仅你的名声会受损，你也将丧失他人的尊重。

（4）不了解拒绝他人能够给自己带来的积极性

拒绝无益请托的重要性在于两点：

①拒绝是一种"量力而为"的自知表现，有些请托若由他人承受，可能比你自己承受更为恰当；

②拒绝是自我行事优先次序的最有效手段，如果因为接受了他人的请求而打乱了自己的做事步骤，这无疑是不合理的。

沃顿商学院的拉尔·比夫教授是一位出色的 MBA 教授，他经常告诫自己的学生："做一个优秀的管理者，首先要学会硬起心肠，将自己的事情摆在第一位。"而拒绝此类请托时，最好的思考角度就是去想一下：对方未考虑到你的行事优先次序而发起委托，这本身就是自私的表现。

（5）不知道怎样去拒绝他人的请托

对于那些不知道如何去拒绝他人请托的人，拉尔·比夫教授认为，以下七项策略可能会起到积极的帮助。

①耐心地倾听对方提出的要求，即使你在听到一半的时候，便已经确定你必须要拒绝他，你也要凝神听完他的话。这样做是为了表示对他的尊重，同时也为了进一步确定请托的全部内容。

②如果你没有办法当场决定是接受还是拒绝，那么，你应明白地告诉对方，你需要一定的时间去考虑，并确切地告知对方你所需要的考虑时间，以消除对方误以为你是在以考虑做挡箭牌。

③拒绝请托时，在表情上应尽量和颜悦色，并要在多谢对方想到你的同时，略表歉意——不过，万不可过分表达歉意，以避免对方以为你不够真诚。因为若你真的感觉过意不去的话，你就会接受他的请求了。

④表达歉意的同时，还要显露出坚定的态度，不可被对方说服或修正拒绝的初衷。

⑤拒绝时，最好给出拒绝的理由，这样做，将对维持双方关系有积极帮助；当然，偶尔对那些频繁对你提出要求的人和颜悦色地说："不好意思，这一次我没办法帮你了，希望你不要介意！"相信也不至于会有不良后果产生。

⑥拒绝以后，如果有可能，你可为对方提供处理其事项的其他可行途径。

⑦切忌通过第三者进行拒绝，一旦你这样做了，不但会显示出你的懦弱，而且会让人感觉你不够真诚。

在拒绝的过程中，你应令对方明白，你所拒绝的是他的请求，而不是他本身——你的拒绝是对事不对人的，这种态度的明确，对双方后续的交往有着极为重要的影响。

当你能够克服"不好意思拒绝"的心理，并具备了"拒绝他人"的恰当技巧以后，则你由于免于履行自己所不情愿履行的承诺而节省出来的时间将极其可观——将这些时间运用在更有价值的地方，相信你的人生会有更出色的表现。

2. 借鉴有效办法，预防意外干扰

缺乏专心往往是因为各方面的干扰：不停响起的电话铃声，络绎不绝的访客，时时闪烁的即时通信客户端……它们都想要引起你的注意力，转移你的目光，使你的大脑分心，令你的时间流逝。

沃顿商学院的信息管理学教授莫加·皮科尔由于工作需要，曾有一段时间将自己变成了一个 E-mail 沉迷者：因为要与欧洲方面的客户取得最新的信息管理资料与技术，同时，针对教课过程中出现的问题与对方进行沟通，再加上不可避免的时差问题，所以，他不得不时刻守在电脑旁边，只要一有新的 E-mail 就立刻读取。在那段时间里，他可以花费上一整天的时间，只是为了等待下一封 E-mail 的到来。

可是，当他发现，自己在一个月中根本没有完成多少工作，相反，还耽误了不少重要的工作时，他立即改变了自己的这种习惯，改为每两三个小时开启一次 E-mail 程序，并在读取所有的消息后马上关掉程序。

皮科尔提到自己为什么开始不害怕错失信息时这样说道："我并不担心遗漏紧急的消息，若真有那么紧急，那便是世界末日了，我相信，那时会有人以其他多种多样的方式告诉我，而不是通过 E-mail 来告诉我。"

经过这次的经历，皮科尔教授进一步确认了自己的想法：造成时间大量浪费的原因是工作受到干扰。而之所以消耗掉那么多的时间，并不只是停顿工作本身费时费力，更重要的是，重新开始工作时，我们需要时间去调整大脑活动与注意力，才能够在原先停顿的地方继续干接下来的活。

为了减少干扰，使自我时间变得更集中、更有效率，我们需要一些避免或者尽量减少干扰的有效办法。幸好，皮科尔教授拿出了他多年积累的经验。

（1）学会在批量时间内处理工作

若你手头的工作需要高度集中精神，那么，你就要学会在长达 4 至 6 个小时的大段时间内工作，这样一来，你就不必将时间耗费在重新集中精神上。此外，当你在批量时间内工作时，你会发现，自己的工作劲头越来越大，并可以在较短的时间内完成较多的工作。

不过，要拥有那么长一段时间完全归自己使用，你必须要做出一些具体的安排，比如，给自己找一个僻静的工作地点，以便干活的时候不会受到他人的干扰。

皮科尔教授习惯在早上 5 点钟起来工作：他发现，清晨工作时干扰与打断更少，不过，这一时间建立在他每天晚上 10 点准时上床睡觉的基础上。如果你可以在调整作息的基础上安排自己在清晨工作的话，你会发现，自己在那一天的干劲更足，而且你可以用于工作的时间也被延长了。

（2）让自己的办公室可以避免干扰

若你对个人办公室的设计拥有发言权，那你就应该将它设计成"允许来访者进入时，他们才能进入"的格局。比如，将门窗安装成"从里面能看到外面的人，但外面的人看不到里面的人"的模式。

可能的话，你应该将自己的办公室安排在恰当的位置，以便自己在外出或者去茶水间、洗手间时看不到其他人，这样做的原因是，一旦你与他人相遇，就要表示友好与亲切。但是，当你手头有工作急需处理时，你不会希望与什么人寒暄而导致半小时的宝贵时间流逝。

（3）清理你的两个桌面

不管是实际的办公桌，还是计算机上的桌面，只要一凌乱起来，便会充满了能够令人精力分散的魔力。你需要花费几分钟去清理你的桌面。皮科尔教授发现自己很难下定决心去清理这两个桌面，为了保持整洁，他给自己建立了一个清理办公室的箴言："当你犹豫时，就扔掉/删除它。"

遵从这一总原则，他形成了三个步骤计划：

①将能够归档的文件归档；

②将未完成的项目放到即将完成的那堆文件里；

③将所有剩余的玩意儿一起放在一个大信封里，并在信封表面注明："假如三个月内没有打开它，就立即扔掉！"然后封起来。

想要做到三个月内不看里面的内容便扔掉大信封，这需要很大的意志力，但这样做的好处在于：你不需要花费太多的时间再去思考之后你或许会需要信封中的哪一个内容。

而一旦决定扔掉信封时，皮科尔教授便会再一次重复说出下面的箴言："当你犹豫时，就扔掉它！如果将来需要，你可以到来源处要复制品。"

此外，拿掉海报、日历以及其他在个人直接视线范围内的东西非常有用——如果你坐着面对计算机时面对的是空墙壁，你便不会太过于分心。

要想拥有没有视觉混乱的工作环境，也应清理你的计算机：删除那些桌面上的小图标，关掉所有的即时通信软件、新闻收报机、E-mail 程序等。当你能够这样做时，你会发现，因为电脑而出现的种种意外干扰少了很多。

（4）建立自我防干扰时段

想要抗击干扰，你能够想到的最容易的办法就是，屏蔽所有的干扰。

在沃顿商学院，很多人都拥有自己的"抗干扰时段"，这是一个非常不错的办法：假设 14：00~16：00 是你想要全职专心于工作的时间段，那么，在这一时间段内，你应该即时软件下线、不处理邮件、不接电话、不参与会议。

电话是一项需要格外注意的干扰：由于来电往往无法控制，许多人成了电话的奴隶，而不是将电话作为工具来使用。我们需要记住：电话是为了方便自己而设置的，而不是为了给你制造不方便而存在的。避免电话干扰的办法之一就是，在工作时将自己的手机关机。如果有可能，电话也不应直接接入你的办公室。此外，一天当中划出一段时间专门用来接电话，也是防干扰的不错办法——不过，这需要建立在你拥有一定管理权限，且你不是业务类工作人员的基础上。

或许有人会问："若真的有急事，却找不到你，那要怎么办？"面对这种情况，皮科尔教授提出了"共同抗干扰时段"的解决办法：某个人的抗干扰时段应知会所有与之能够产生直接接触的人员，并且指派好相关应急工作的交接对象。这就意味着，可以完成相同工作的人的抗干扰时段必须要错开，而且不可太长——这样，即使在指派的人搞不定事情的情况下，你也可以较为及时地去处理这件急事。

（5）更有效沟通，避免沟通干扰

有时候，我们的干扰来自于与外界沟通不当。想要在做到有效沟通的基础上节省时间，我们可以采用以下方法。

①会客时，规定面谈的时间

如果你是一个需要时常会客的人，那么，你的时间很可能会被啰唆的访客所浪费。这些啰唆的访客说起话来不着边际，跟他交谈时，说了很长一段时间还不能进入正题，即使正事说完了，还是会说一些无关痛痒的话。

想要避免此类人浪费时间，你就需要在与所有人交谈时，不仅要事先规定面谈的时间，而且在听到对方谈到的事情后，还需要迅速地判断交谈所需要的时间，然后再决定面谈的截止时间。听起来有些无情，但它却是可以让你的时间大大被节约下来的最好办法，只要你对所有人一视同仁，那么，该方法便不会惹起人们的反感。

②明确传达方式

如果你是一个公司的主管，在宣布重要的事情时，必须把所有的人都召集来，而不是只告诉其中的一两个人，让他们帮助你传达，因为别人的转告可能会曲解你的意思。

尽可能把面谈安排到下午进行。如果上午做这件事情，会使得一天的工作不能圆满地进行。这正是上午某些人不进行会客的原因之一。同时，下午的时间用于会见客人，可以放松因做案头工作而感到疲惫的大脑。

通过上述抗干扰办法，个人时间能够得到有效的保证，更重要的是，在形成了抗干扰的工作习惯以后，他人也会因为知晓了你拥有这样的工作时间，而变得更加珍惜你的时间。

3. 记录日程表：莫将时间浪费在无聊小事上

生活与工作中充满了各式各样的杂事，未处理好这些杂事以前，我们是无法采取任何行动的——当我们生活中，工作上账单、企划案、备忘录满天飞，电脑中塞满了不知从哪里飞来的E-mail，脑袋中装满了各式各样的约会、承诺与想法，我们便听不到自己内心真正的声音。我们必须要先将这些杂事处理好、整理好，这样才不会让它们在工作的时候转化为绊脚石，阻碍我们的前进。

加娜尔已经坐在办公室里两个多小时了，可是，她依然静不下心来工作：自己的信用卡账单该还了，但她发现自己的消费金额与需要还款的金额根本对不上；儿子在幼儿园里面与小朋友打了架，老师约她在下午5点时会面；今天是去医院给患有心脏病的妈妈取药的时间，可是，自己却死活记不起来其中两种的药名是什么了……

这些看似微小的事情，使加娜尔在将近三个小时的时间里一直心绪不宁，虽然她明明知道自己手头的项目还有两天就要截止了，而这三个小时的时间对她而言极为宝贵，但她就是没办法在工作上集中精力。

加娜尔的遭遇并非偶然，想解决杂事带来的困扰，我们需要先了解杂事为何会对个人做事效率形成干扰。其实，这与我们的大脑机制有关：人的大脑中有一块短期记忆区，其功能类似于电脑里的随机存取记忆体，而这一块记忆体是有具体的容量限制的，所以，当我们的脑子里面大部分都是杂事时，个人便会失去专注处理事情的能力。

若你期望在拥有出色专注力的同时，使个人压力降低的话，就要将自己头脑中随机存取记忆体里面的杂事清理出来，清理到外部的工具之中，如此一来，我们的短期记忆区才会释放出更多的空间，从而提升个人专注能力。

如何做到这一点，宾夕法尼亚大学心理学家梅约·埃尔顿先生指出，我们可以通过以下三步来达到这一目的。

（1）我们应该收集哪些杂事

对于生活、工作中可以收集的杂事，埃尔顿先生将其分为了四大项：

①承诺他人的事情，或者扮演好生命中的角色

比如，与家人、朋友、工作伙伴碰面与谈心以后，决心要提醒自己打电话关心远方的家人，将承诺朋友的事项记录下来，把工作伙伴交代的事情一一办妥当，这些都是我们对他人的承诺，也算是杂事。

另外，记下来空闲时需要做的家务事，记下账单、家中水电气缴费的具体时间，或者维修一些家庭用品等，这些要求自己做到的事情，也属于杂事一类。

②某一个任务的细节

你苦思许久未能想出，但是，行走在路上或者坐车时，突然想到了写策划案、文章的想法，或者推动新促销方案的灵感与行动，以及要写一封电子邮件通知一位同事重要的事情等，这些都是值得去记录下来的杂事。

除此以外，那些可以让我们拥有更好的人际互动的想法，比如，向某位许久未联络的朋友打过去慰问电话，也很值得写下来。

对于这些细节内容，写入自己的小本子或者手机等收集工具上，若有时间便可以拿出来进行处理。

③琐碎的杂事

有时候，我们需要随手将一些琐碎的细节记下来，例如，一位新客户公司的地图、在卖场的停车位号码、中午订午餐的电话号码等，对于这些琐事，我们并不需要真正地使用自己宝贵的记忆空间去记，拿出来自己的小本子，将它们一一写下来即可，需要时再去翻阅。

④实体的东西

需要整理的书柜、需要检查的账单、需要清理的柜子、需要收起来的玩具……对于这些事情，我们应该先记录下来，以待有时间时批次处理，以节省时间。

（2）准备好自己的收集工具

中国古代哲学家荀子曾说："君子生非异也，善假于物也。"其意指，君子并不一定与他人不一样，只是他比较善于利用工具。我们拥有了收集的概念，也要配合收集的工具，这样，收集起杂事来才能够达到事半功倍的效果。

在时间管理的过程中，收集杂事的工具可以被称为"杂事匣"，即放置杂事的地方。你可以选择自己认为方便的杂事匣，比如，可以放入口袋的小记事本，可以记事的智能手机，一张能够立即提醒你的便笺纸等。

（3）明确杂事匣利用原则

从时间管理的角度来看，我们一天中的大部分时间，都有可能用到"收集"这一流程，因为我们的脑子随时随地都在运转，就连睡觉时也一样。你可能在床上、购物的过程中、爬山的时候、乘坐飞机的时候想到需要记录的点子，也可能在如游泳池、厕所等一些预期不到的地方出现灵感。

个人捕捉这些杂事的能力越强，脑子中短期记忆区的负担便越低，个人事务管理所面对的压力也就越少。为了更好地捕捉杂事，在利用杂事匣时，我们可以遵循以下三个原则。

①养成定期收集的好习惯

如果你能够利用一些固定的时间来收集，比如，每天上班前 10 分钟，等公交车的时候，将一项重要任务处理完以后的空闲时间。这样定期收集，不仅可以使脑中产生源源不断的创意，而且也不至于使脑子因杂事积累而感到压力太大。

②减少工具的数目

虽然将杂事记录到头脑以外可以减轻头脑的负担，但是，如果你一边使用手机记录，一边又有小记事本，同时又配合了其他电子设备的话，你便很容易记不起来某个创意到底记录在了哪里——记录工具本身已经形成了你的杂事。

特别是具体的事项——比如记录电话时，当我们将需要记下来的联络电话记在纸上、手机上、E-mail、电脑里时，想要快速地整理出一份完整的通讯录便会成为一件不可能的任务。

因此，你需要仔细地思考自己目前的收集工具，并将那些不必要的收集工具与习惯都清除，只留下最方便、最喜欢使用的一两种，这样在需要加工处理杂事的时候，你才会知道到底要到哪里去找到这些事情。

③选择拥有自我风格的工具

有些人喜欢使用平板电脑、手机等电子产品来记录杂事，而且乐此不疲，但这并不代表着每一个人都应该如此；如果你是一个拥有怀旧心的人，那么，可能纸与笔更适合你，更何况，纸笔记录起来更加准确，有着电子产品无法取代的优点；此外，录音、拍照也是不错的想法，它们能够留下最接近真实想法的情境。

上述工具都有其出色之处，在选择记录工具时，你需要依据于自己的收集风格，长期地使用这一工具，使它成为个人生活与时间管理中的一部分。

杂事匣就如同我们的第二个大脑一样，它可以令我们专注于眼前的重要事项上，而不需要担心自己的脑袋会忘记一些其他的事情。不过，将杂事拿出大脑、留到杂事匣中，这是一个需要时间去培养起来的习惯——收集杂事最大的好处就在于，它可以使我们的大脑重新获得专注的能力，将每一时刻的事情都做出更好的判断与处理。因此，若你不习惯这样的记录方式却又期待可以更好地处理好杂事，那么，你就需要让自己再坚持一下：一段时间以后，你便会发现，自己已经习惯了这种做事方式。

4. 有效委派，减少非必要的精力浪费

之前，我们已经反复地提到这样一种时间利用技巧：将那些非必要亲自进行的任务委派给他人，是提高个人时间使用效率的一种有效办法。若你将一部分工作量交给他人，你的负担便有所减轻，而且，你还可以有时间专注于其他一些事项上。

普尔曼在沃顿就读期间，早已了解了委派的重要性，不过，他还没有机会实践过这种委派。在来到目前的公司就职后，他发现有些同事在委派一事上蠢到了家——有些人甚至会当着客户的面说："很抱歉，我现在正在忙，不过我会介绍一位同样可以解决问题的人给你。"

普尔曼在第一次委派时，便表现出了"沃顿风格"。当一位客户找到他，要求他为其提供更全面的技术指导时，普尔曼正在忙于一件重要的工作，这件工作必须要在下午下班以前上交，而现在距离下班时间只有一个半小时了。

面对突如其来的工作，普尔曼并没有表现出烦恼，而是大声地说："啊，好的，让我请里尔来做这件事。"然后，他当着客户的面拿起电话打

给了里尔："里尔，我们的一位重要的客户在这里，他需要更全面的技术指导，我请他到你那里去。"然后，他对客户说："请您跟随我们的办公室秘书到里尔的办公室去，他会提供给你更专业的帮助。"

现在，客户的请求得到了一个非常好的响应，而普尔曼也得以处理自己更加重要的事情。

当今竞争面临着日趋白热化的挑战，竞争强度也早已今非昔比。相对而言，时间更显弥足珍贵。与其自己做到鞠躬尽瘁、死而后已，还不如将那些非必要的工作委派给他人，令自己拥有更充裕的时间去做更有效益的事情。

不过，很显然，普尔曼所进行的委派相对更随意、更简单，但是，现实生活中，我们可能会需要更正式的委派。幸好，在委派他人方面，沃顿有更可靠的委派技巧可供我们参考。

（1）选定需要委派他人去做的工作

原则上来说，只要你的行为恰当且拥有权限，你可以将任何一件其他人可以处理的工作委派给他人去做，为了做到这一点，首先要对委派方的能力有一个了解，对工作与他人的评价是获得这种了解的途径。

你需要认真地考察自己要做的各类工作，确保自己理解这些工作都需要做些什么，有些什么特殊问题或者复杂程度如何，在你未曾完全了解这些情况与工作预期结果以前，不要轻易地委派工作。

当你对工作有了清晰的了解以后，也要使被委派者了解。你应该向要处理这件工作的人说明这件工作的性质与目标，以保证对方通过完成工作获得新的知识与经验，这样下一次再有同类任务委派给他时，你便不需要再花费时间去指导他。

同时，委派成功以后，你还要确定自己能够对工作实现有效的控制，若一旦将工作委派出去，而自己又无法控制与了解工作的进展情况，那么，你就要亲自处理这件事情而不要再将它委派出去了。

切记不要将"热土豆"式工作委派出去。所谓的"热土豆"式工作，是指那些处于最优先地位并要求你马上亲自处理的特殊工作，比如，你的上司非常感兴趣与重视的某件具体工作便是"热土豆"式工作。这种工作你必须要亲自去做。此外，如果某项工作涉及了只有你才应该了解的特殊、保密信息的话，也不可委派给他人。

（2）选定能够胜任工作的具体人选

你应该先对被委派者进行具体的评价：那些诚实、坦率、可靠的人是你的委派首选。在这种评价过程中，你还需要掌握两点：人员了解工作情况与人员完成工作的具体速度。

①被委派者了解工作的情况

如果你发现有些人对他分内的工作了解很深，而且远远超出了你原本的预料的话，那么，这些人便是可以放心委派重要任务的最佳人选。

②被委派者完成工作的速度

你可能知道，一位秘书的打字速度是另一位秘书的两倍，或者一位办公室文员完成文件校对所用的时间只是另一位文员所用时间的一半，那么毫无疑问，两个例子中，前者都是你的首选委派者。

一旦你掌握了每一个工作人员对其工作完成的速度以后，你便能够更好地估计出每一个人可以处理什么样的工作，也就可以回到委派工作的分析上来。

（3）确定委派工作的时间、条件与方法

委派工作也要有时间。很多人会错误地在刚刚上班时便将工作委派给他人，但他人未必愿意接受，他们很可能早已计划好自己一整天要做什么，而你的委派无疑会乱他们的既定目标。即使你是他们的上司，在被迫改变自我原定日程安排的基础上，他们的工作积极性、效率都会大大降低。因此，非紧急的工作委派最好在下午进行，你要将委派工作视为一天中最后一件事情来做，这样，有利于下属为明天的工作作准备，为如何完成委派工作作出具体的安排。

此外，面对面的委派是最好的委派方法，这样的委派便于回答对方提出的疑问、获得及时的信息反馈，同时也方便你个人动作、面部表情等强调工作的重要性。只有那些不重要的工作，才可以使用留言条、即时通讯的方式进行委派。

（4）制订一个确切的委派计划

有了确定的目标后才可以开始委派工作。在委派以前，必须要对下述问题拥有明确的答案：

- 由谁负责这项工作？
- 为什么选择他做这项工作？
- 完成这项工作要花费多长时间？
- 预期结果是什么？
- 完成工作所需要的材料在什么地方？
- 我要通过何种途径来了解工作进展？

同时，你还要将该工作计划达到的目标写出来，给被委派者留下一份，自己留下一份备查。这样做可以令上下双方都了解工作的要求与特点，不留下错误理解工作要求的余地。

（5）委派工作的具体过程

在委派工作的时候，你需要将以下内容一一做到。

①告之原因

将为什么选择他来完成某项工作的原因讲清楚，除了要强调这份工作在你的权限之内是可以委派给他的，同时还要强调积极的一面，使对方意识到，接受你的委派会有怎样的好处。

②告之你所知道的一切

你要将该任务所有的目标一一摆出来，还要将自己在这一工作领域的经验也要告诉对方，使对方了解过去的一些事情是如何处理的，得到了一些怎样的结果等。

③规定期限与要求

你需要告诉对方规定的完成期限，并让他意识到，除非是在最坏的环境条件下，才可以推迟完成工作的期限。同时，你也要向他表明，你期望他能够帮助你在这项任务上达成怎样的结果，以使其明确要求。

（6）了解委派的具体进展

对委派出去的任务了解太勤，不仅会浪费时间，而且会使被委派人产生不被信任之感；对委派出去的工作不闻不问，也会导致灾难。因此，我们需要更有技巧地了解委派的具体进展。

- 若某项工作难度较大，便要时常检查进展情况，以保证工作顺利进行；
- 若被委派者做事经验较少，也需要多检查几次，对这种情况，你可以将了解进展的次数定为一般委派情况下的两倍。
- 一般情况下，若你将任务委派给了他人，你便要相信对方可以胜任这项工作，因此，一周了解一次也就足够了。

值得一提的是，在委派他人时，你需要更多地委派有意义的工作，而不仅仅是委派一些你认为是毫无益处的垃圾工作——将所有具有吸引力、提升能力意义的工作都据为己有，否则，不仅你通过委派节约个人时间的目的达不到，还会被他人视为是损人利己之辈。当然，如果你能将那些对自己无益但对某人拥有成长意义的工作委派给他的话，那么，你的委派将会更加成功。

5. 依据场合将事情系统化执行

在管理领域中，实现操作、资料的系统化往往可以真正地提高工作效率，促进工作效果。其实，系统化的概念在时间管理领域中同样存在，只不过，由于经验不足，很多人并不知道如何将事情系统化。

2014年5月，沃顿商学院出身的经济学家里农·佩特博士正在为一家企业的管理人员讲解依据场合分类、进行事件批次处理的重要性。在这次的授课过程中，佩特博士问了一个问题："若有一个活动通知，需要打30通电话，通知30位同事参加，需要耗时多久？"

"两小时！""一个小时！""三小时！"不同的答案此起彼伏。

"只需要30分钟！"一位女士回答道。

佩特博士向她发问道："为何你认为30分钟就可以打完？"

"先找出记有30位同事的完整通讯录，然后开始打电话；一开始时速度会比较慢，打了几通以后，便能够抓住要传递的核心讯息，将核心讯息写在纸上，每一通电话都使用标准的话语，这样子一来，便会越打越快。"

佩特博士不得不承认，这是一个好答案：常需要打电话给他人的人都知道，将数个电话集中在一起打，可以节省下来大量的时间。将同样类型的事情进行一次性的处理，其实这便是依照场合分类、批次处理的概念，在时间管理中，这种"依照场合分类"也是一个十分重要的概念。

在《发掘属于你的个性化时间管理方式》一文中，佩特博士提到，"场合检视能力是个性化时间管理进一步进化成行动清单最重要的核心力量，将个性化的时间管理方式，依据'场合'进行分类，可以提升更多的效率"。

但是何谓"场合"？在英语中，它是"造成一个事件发生所需要的具体环境"。比如，想要打电话给某人，所需要的场合便是电话；想要写一封电子邮件给某人，所需要的场合便是电脑。

在这里，场合的概念更类似于"标签"：将某些事情贴上一些标签，借此进行分类。但是，若场合的设定数量过多，便会使我们无法分清楚为该行为贴上哪一场合的标签。依据佩特博士的工作习惯，他仅使用了以下五个场合来分类，它们分别是自己动手做、当面进行沟通、电话沟通、电脑、思考。

（1）自己动手做

在时间管理中，授权是很重要的一项，时间管理的高手们在遇到非必要事情时往往不会自己动手做，而是会授权给他人。有些人会认为这种授权是一种自私的行为，是利用他人的时间来达成自己的高效，但事实上，这种"自私观"其实是因为未理解时间管理过程中也有"团队分工"一说而造成的。

时间管理的问题，大多与其他人的互动有所关联，若可以建立起团队，并拥有极佳的互信基础，整个团队便可以依照个人的专业以及所有的自由时间进行分工。每一个参与的个人都有相应的参与感，这样子不需要凡事都由自己承担。如此一来，往往会因为团队中每一个个人压力的减少，而造就一个更好的结果。

比如，在一场研习会中，A 为主办人，B、C 则协助进行事前报到、会中餐点等行政事宜，而 D、E 两人则负责讲课的部分，如此形成团队，并拥有完善的分工，便可以举办一个复杂而成功的研习会。若所有的事务都落在一人身上，那个人便很容易因为负担过重而无法妥善协调时间与事项，造成研习会无法召开，或召开的效果不如预期。

自己动手做往往可以获得最好的品质，比如，在一些需要展示自我能力的事件上，唯有自己动手做，他人才能够看出你的本领，而这时候也往往是没有团队支援时的最佳选择。但是，在有团队时，便要了解自己在团队中的具体角色，在善尽职守的情况下，协助团队完成复杂的任务，贡献出更大的价值。

（2）当面沟通

日本著名茶道师千利休提出过"一期一会"的著名提法，其中，"一期"表示人的一生；"一会"意味着人生中仅有一次相会。其意是指，泡茶人与喝茶人，要相互珍惜可以在一起喝茶的机缘，既然是人生中仅有一次的相会，我们便需要付出人生中仅有一次的精神，来对待眼前的茶会。而这一概念其实也是时间管理中的重要概念之一："当面沟通"是一件非常重要的事情，应珍惜碰面的机缘。

佩特博士非常重视"当面沟通"这件事情，不管是在工作还是在生活中，她一定会事前做足功课，不管是交通、天气、行程、还是接下来需要做的事情，无不进行事前的推敲拿捏，而这一点也使她极少出错。这也提示我们，养成与人讨论事项前，先让自己做好准备，才不会碰面开会时却因为未提前进入状况而无法进入主题、做出结论。

（3）电话

如果你想要更好地利用电话，那么，你就必须要明确建立"黄金通讯录"的三个基本原则：

- 建立只记录电话或名片的单一资料库；
- 通过各类科技产品，使收集到的名片资料数据化；
- 将电脑与手机上的通讯录进行同步。

这样做的好处在于，它可以使我们建立起通讯录系统，从而更快速地找到自己要联络的对象的电话。

以前面佩特博士三十分钟打三十个电话为例：若她手边没有一本完整的通讯录，她便无法行云流水地一路打电话下去，而必须要在寻找电话号码上花费许多的时间，造成无谓的时间浪费。因此，若平日里自己已养成建立起完整通讯录的习惯，便可以在用得到的时候节省下许多时间。

除此以外，拨打每一通电话以前，事先想好沟通的重点也非常重要：这样做不仅可以节省通话时间，更可以使双方迅速地进入事情的沟通，而沟通的品质也会更好。

（4）电脑

佩特博士将电脑上的场合分为了两类：

- 如规划任务、写文章等单机做事的状况；
- 使用即时通讯软件、E-mail 等软件进行电脑沟通的状况。

不管是哪一个状况，都需要熟练的打字能力，若个人打字速度太慢的话，则需要想办法将自己的打字速度提升上去。

①运用电脑软件更有效率地做事

使用各类搜索引擎查找自己需要的资料，运用 Word、Excel 等软件来制作资料，可以帮助个人提升做事效率。在电脑早已普及的今日，现代人有必要学习一些电脑软件来提升自我工作效率，从而使自己的工作能力大大增强。佩特博士认为，表格的制作、简单的图片加工等，都是现代人应该学习的。

②运用电脑来高效沟通

网络即通往他人面前电脑屏幕的快速通道，如果你平日里使用电脑，却未能善加利用电脑的沟通功能，那就太可惜了，除了最普遍的E-mail、QQ、微信也是极棒的沟通工具。除此以外，论坛、微博等也是能够提升个人能见度、做好个人名声推广的可行渠道。

另外，网络也为我们提供了一个虚拟的"智囊团"：不管是自己感兴趣的时间管理、阅读、理财等议题，还是常规的工作内容，只要发起提问，往往能够迅速地得到回应，这让我们的学习效率也得以大大提升。

（5）思考

大部分时间管理的思考都是直线型的，只要想好下一步行动即可，这类直线型思考占据了总时间管理内容的80%；少部分的思考比较复杂，需要配合心智图或者规划工具才能想得更加完整，这一部分占据了约19%；而有一些重要的问题，则需要更深入的深度思考，需要阅历与长期的练习，才能够得到更好的答案，这部分占据了1%。

在加工阶段，有些问题并非一下子就能得到合适的下一步行动，这时候此类事情便可以归类到"思考"这一场合中。此时，利用时间再进行深入的分析与思索，比如，在规划出国自助游的行程时，由于牵扯到了预算、假期、行程、天数等因素，就需要使用特定的时间进行思考规划。

决定要做哪一件事情时，我们应有策略地将这些事情执行好，而依据场合分类实际上是一种将事情进一步系统化执行的具体思考。通过这些思考过的行动方式，我们往往能够得到更好的时间管理结果。

6. 意识到局限性，提高时间的质量

在这个人人感觉时间可贵的年代里，我们对时间的流逝之快更怀感叹：面对这种最稀有的资源，我们要如何充分地利用它？事实上，最可靠的办法莫过于提升时间的质量。提升时间的质量，可以使时间的效率倍增，从而达到时间资源利用最大化的目的。有关这一点，我们之前提到的苏联昆虫学家柳比歇夫的时间管理方式最能体现这一点。

柳比歇夫所使用的是"时间统计法"。从 1916 年元旦开始，当时年仅 26 岁的柳比歇夫便开始在自己的生活中全面贯彻这种时间统计法，即及时而详细地计算自己使用的时间，每天一小结、每月一大结、年终一总结，以便实行真正意义上的自我监督，更高效率、更高质量地利用时间。

这种时间使用方式一直持续到 1972 年他去世那天。五十六年间，柳比歇夫先生从不间断。长时间地坚持"时间统计法"也为他带来了极高的工作效率，在这五十六年间，柳比歇夫的工作效率"一日抵三日"，利用这种办法，在有限的一生中，一共出版了 70 多部学术著作，写出了 12500 页的论文，获得了丰硕的科研成果。难怪其传记作者慨叹道："在对待时间的本领上，柳比歇夫是伟大人物中最伟大的一位。"

你或许并不想成为像柳比歇夫一样的伟大人物，但是，你同样要面对时间流逝这一问题。如果你向自己保证，要在每天早上工作以前花费半小时时间锻炼身体，但你却并不是一个能够在早上爬起来的人，那么，"说到做到"对你来说便是一种不可能的状态。

我们每个人都有一个自然的生物节奏，你应该想一下，在一天当中，什么时候你的脑力最旺盛，什么时候你的体力最充沛，什么时候你最适合社交，还有，什么时候你的精神最差，只适合全面放下工作去休息。如果经过一天的工

作以后，你所剩下的力气只适合小憩片刻或者读一本别人写的小说，那么，强迫自己每晚去坚持写小说便是一件毫无意义的事情。

运筹时间是一个极其复杂的问题，迄今为止，没有也不可能找到一个适合每一个人、万能的运筹时间的固定模式。然而，若你想要改变时间的质量，你可以依据于以下人体运作的基本规律与基本原则。

（1）把握人体精力最佳时效

由于生物钟的作用，人的精力在一天 24 小时中是无法呈现均衡状态的。一般来说，一天中人的精力会出现 4 个高效阶段。

①清晨 6~7 点

此时身体刚刚休息了一整夜，身体得到了充分的休养，而大脑也已经完成了对前一天所接收信息的整理、归纳、记忆、清理工作，还未开始接受新的信息，所以往往精力更加充沛、记忆力也更好。

②上午 8~10 点

在这段时间里，人的精力已经上升到了旺盛期，对于各类信息的处理能力很高，记忆力也不断地增强。不过，此时大脑的能力以反应、判断为主要特点，表现为个人分析能力增强。

③下午 6~8 点

这一时段是身体的又是一个活跃高峰期，同时也是人脑的记忆高峰期，而且两者效率皆为一整天最高时段，这是因为，身体在长期进化过程中已形成了节律性，使人在睡眠以前有一个超常的兴奋阶段。

④临睡前 1~2 小时内

此时，个人往往已经完成一天的工作，而大脑也已经不再接受新的信息，此时，不仅身心开始放松下来，而且精力也开始从耗费状态转为储蓄状态。

让自己有效地把握这 4 大时间段，将记忆、重要的工作放在这些时间段中，往往可以取得"事半功倍"的效果。

（2）认清个人生物钟

医学专家发现：人与人之间的生物钟存在着个体差异，这种生物钟差异可以分为 3 种类型。

① "百灵鸟型"人

"百灵鸟型"人的机体生物钟特点是：每到清晨时分便精神焕发、思维活跃，不仅做起事情来灵感频发，而且记忆力超高，其用脑效率极高。

② "猫头鹰型"人

"猫头鹰型"人与猫头鹰一样，一到夜晚时分便进入了中度兴奋状态，而中度兴奋是大脑皮层建立起条件反射的最佳兴奋状态，因此，人的反应才会特别快，而此类人在夜晚时分也会表现出才思敏捷的特点，其思维能力与判断能力往往也非常良好。

③ "混合型"人

"混合型"人与上述两种人不同，此类人没有高效时段，其全天的用脑效率都差不多，只是在清晨与傍晚时会稍微高一些。不过，混合型人往往很难出现"猫头鹰型"或"百灵鸟型"的那种"超常发挥"状态。因此，在某一领域中有卓越成就的大多是"猫头鹰型"或"百灵鸟型"们，其中又以"猫头鹰型"尤为出色。

在所有人中，"猫头鹰型"人约占 33%，"百灵鸟型"人约占 17%，"混合型人"约占 50%。找出自己的生物钟类型，并将其运用于时间管理中来，便可使时间管理更有效率。

（3）减轻自我负担

像上面那样找出自己的最佳效率时间段还远远不够，更重要的是，你需要从减少自我负担开始，提升自己的时间质量。当你全身心投入工作一段时间以后，往往会产生疲惫感，此时，再选择去工作已经是下下策了，你需要的是放下工作，逐渐减少自己心灵上的负担。

①吃，睡，运动

当你感觉很饿、很累、很焦躁的时候，你的时间质量会很低。解决这一问题的办法很简单，就是去吃、去睡、去运动。"虽然我很累了，但我依然不能休息，因为我必须要工作"这样的想法虽然会展示你很努力，但这种努力是低效的，而休息以后你的效率会更高。既然你迟早都要睡觉，那么，还不如先休息好，来提升剩余时间内的效率。

②与快乐的人相处

与那些心态积极、快乐的人相处也会使你变得快乐起来。也许很多人认为躲在屋子里减少与他人的接触，埋头苦干，是减少外界干扰、提升效率的好办法，但事实上，与世隔绝、降低交往频率的做法只会使个人变得情绪低落，工作效率也会大大下降。

③与朋友分担你的压力

即使你的朋友并不是那种可以感染他人、带来快乐的人，但有个人与你一起解决甚至只是听你诉说你所遇到的复杂问题，也会使问题变得简单起来：一方面，对方可以分担你精神上的压力，另一方面，与他人在一起可以让你更专注于工作，而不是时常分心。

提高个人时间质量，并找出个人最佳工作时间，这意味着你需要承认，在你的人生中，的确有些时间不是最佳的。这就等于承认，你无法在所有的时间都以最佳的状态工作，也无法在任何你认为你应该有最佳表现的时间里做出自己所期望的表现——这意味着，人类的局限同样存在于你的身上。事实上，这也恰恰是砍掉浪费时间活动过程中极重要的一项：承认你并不是无所不能的。

7. E 时代的新烦恼：应对网络带来的浪费

庞大的网络正在为我们的工作、生活提供源源不断的创意材料，但是，过于庞大的数据也造成了注意力上的分散与干扰：很多人本意是利用网络更好工作，但在现实工作过程中，网络却成为了他们浪费时间的最大项目。电脑带给我们的生活本应是"更有建设性""更卓有成效的"，然而，为什么现实中这种上网行为却变成了一种浪费？这的确值得所有人去思考。

RSS 是近年来新兴的信息聚合器，它可以帮助你订阅所有你感兴趣的事情，若你有需要，它还能够直接将信息传递到你的电子邮箱之中。

最初订阅 RSS 的时候，纳斯亚感觉棒极了：它可以帮助自己密切关注那些重要的科技网站，这样，作为金融工作者的纳斯亚便不再会遗漏任何的重要内容了。除此以外，它还会帮助纳斯亚关注朋友与家人的博客，从而让纳斯亚对他们的生活了如指掌。纳斯亚甚至产生了这样的想法：如果没有 RSS 的话，他将什么也"跟不上"。

事实真的是这样的吗？

在订阅 RSS 之后，纳斯亚便被迫离开了他的 RSS 内容，原因很简单：

- RSS 中的内容过多，致使纳斯亚不得不每过五分钟便去看一次，但是，因为内容大多过于重复，他往往会在接下来的几分钟时间内，不断地点击"已阅读"——而这种方式使他降低了对资讯敏感度，并让他失去了对网络的耐心。

- 纳斯亚每小时都有意或无意地去查阅 RSS 几次，这意味着，他需要经常放下手头的事情去做另一件事，即使这件事情很简单，但这种注意力不集中的行为也会使他的专注与持续性被影响，从而令他的做事效率大大低下。

- 在一整天的不断翻阅之后，纳斯亚发现，只要自己没有从中获得有效的资讯，但这又影响了当天的工作效率，他的心情便会极差，而这种坏心情会让他在接下来的加班时间里不断地陷入情绪低谷中。

在纳斯亚认识到 RSS 的这些缺点之后，他决定放弃这一订阅工具。随后，他的生活迅速地恢复到了正常状态中，而且，他也没有漏掉任何重要资讯——大量的纸质资料与同事间的交流总是会提到当下最重要的金融信息。

毫无疑问，互联网与不断开发的各种帮助提升工作效率的工具在最初被设计之时，都有这样的美好期望：加速信息传播与信息的可互动性，提升人们的做事效率。可是，我们毕竟处于一个依靠物质流通来驱动的世界里，仅靠信息的加速与信息的互动，根本无法解决全部的问题。如同 RSS 一样，在某些程度上，互联网不仅不会提升你的做事效率，反而会浪费你的有限时间。

与互联网类似的还有手机：这个小小的通信机器现在已经成了我们每日出行必带的物品之一，许多人甚至离开了手机就不能工作了。这种过度依赖现代科学技术的行为类似于吸烟或酗酒：我们越过多使用，就越感觉自己需要它们。

宾夕法尼亚大学的一项科学研究发现，互联网与手机引发的不仅仅是上瘾，它正一步步地侵蚀着我们的注意力，这意味着，这些原意让我们更便捷生活的机器，却让我们拥有了比以往更多的分心机会。

而另一项针对大众展开的调查则显示：多达 77% 的人每天开手机 12 小时以上，34% 的人 24 小时开机，94% 的人使用手机在 5 年以上。"若你需要去一个遥远的地方度假或公干，你最期望带上什么？"超过 60% 的被调查者首选手机，65% 的人表示若手机不在身边，会有不同程度的焦虑出现。

过度地依赖于现代科技，很容易会让我们的正常生活受到负面影响，而过度依赖高智能科技，则会让我们失去思考能力与动手能力。同时，它们会让我们不再懂得运用憩息时间去任意消遣，而这些毫无疑问会对我们的健康造成负面影响。

从你的现实工作体验中，你也许会有更多有关互联网与手机浪费时间的经历与体验。我们无可否定，互联网与伴随其发展产生的一系列工具能够在一定程度上提升我们的工作效率，但是，这种效率的提升也往往会局限于个人在时间管理上拥有多强的意识：意志薄弱的人往往会在数字时代的海洋中让时间慢慢流逝。

来试一下以下方法吧，它们或许会让你从过度依赖电脑或手机的生活中逃离出来：

（1）适当地远离电脑

若你的工作必须要用到电脑的话，你可以使用以下方法来尽可能地减少自己在网络上浪费的时间：

①早上上班不要立即打开电脑、下载邮件，先简单想一下，今天有哪些事情？必要时，用手写下来；

②每天最多三次去查看与回复电子邮件；

③不要用电子邮件或即时聊天软件与你的同事交流，最好直接与之当面交流，这样既能增进感情，又能让你节约时间；

④从其他方面接收资讯，报纸、杂志、广播都是不错的选择。

（2）学会放下自己的手机

如果你感觉自己已经过度依赖手机了，你便应着手试一下以下方法来改善这种情况：

①不要早上醒来就将手机拿到身边，到了办公室之后再开机也不迟；

②中午午休时可以出去散散步，但是请把手机放在办公室里；

③再购置一部私人手机，这个手机号码只告诉自己的家人与朋友。休息、休假时，将工作手机关掉，只打开私人手机。

（3）学会选择性地拒绝高科技产品

可以帮助你自助运动的健身器材、有网络接口的咖啡机、能够实现即时通讯的最新型电脑……在购置之前请想一下，你是否真的需要这些东西？你应记住这样的购买原则：科技产品是让我们的生活更轻松的，而不是让我们时时被囚困的。

网络与其相关的一切只是工具，它绝不会主动地跑到你的时间利用过程中去浪费你的时间，关键在于你怎么"上网"与利用各类IT工具。很显然，若你大部分的时间都花费在了无意义的网络游玩上，那么，关掉电脑、关掉WIFI，让自己远离网络一段时间，你会意识到，其实没有了网络你照样可以工作，而且，相比于有网络的那些时刻，你反而变得更加高效了。

第五章
模式化，让时间管理产生更大效果

　　沃顿商学院有这样一句话："成功的内容都是系统化的，失败的项目都是碎片化的。"在商业领域中，大大小小的常规事务，大多有各式各样的模板。将这种模式化的管理进一步延伸到个人管理领域中，不管是从时间管理的角度，还是从更高一层的自我管理角度来看，模式化都是高效率、高效益的王道。我们个人也可以参照组织运作的具体方式，将个人常规事务尽可能地模式化。

1. 维持好习惯，便可以提高集中力

思维集中才会有时间利用上的高效，但是，大部分人对于"如何提升个人集中力"这一问题并没有头绪。达克塔·汉德是宾夕法尼亚大学心理学研究专家，他认为，让自己的注意力聚焦于自己所做的事情上，使自己的处理速度趋近于个人接收速度，使自我思维跟上自己所做事情的发展，然后保持下去，自然会有高集中力。

汉德指出，在看一部精彩的电影时，为什么我们可以长达两个小时甚至更长的时间专注于电影上呢？首先，因为剧情的精彩使得个人注意力很容易就放在电影上，其次，个人思维在观影的过程中完全同步于电影的发展，最后，大脑的处理速度在这种专注的情况下是趋近于接收速度的。

但是，如果你看的是一部自己并不感兴趣的科教片，那么，你就很难长时间专注于此片。首先，在个人对科教片不感兴趣的前提下，注意力是很难集中的；其次，就算个人集中注意力去看，大脑的处理速度也往往跟不上接收速度。

这是因为科教片的知识密度大，一分钟里很可能包含了很多的信息，大脑根本处理不过来。由于大脑跟不上科教片的思维，所以，剧情的发展自然会被忽视。在这种情况下，看了一会儿以后，个人很容易丢失了注意力。

如果你留心观察的话便会发现，很多声称自己"时间不够用"的人都有"无

法集中注意力"的问题。无法集中注意力，便会使大脑与心灵经常性地处于浮躁涣散的状态之下，注意力如同万花筒一般，忽明忽暗到处乱转，此时，"累"的感觉便自然会出现。所谓的累，大部分并非身体累，而是因为无法专注而导致的心累，而心累又会反过来急剧地加重身体的累。

想要摆脱这种无效率的累，最好的办法就是让自己集中、聚焦于自己所做的事情上，使自己的处理速度趋近于接收速度，使自己的思维跟上所做事情的发展。以下是汉德先生推荐的一些有效提升集中力的方法。

（1）使用一种可以快速集中注意力的方法作为开头

汉德有一段时间在正式工作以前都会先看一会儿小说，比如，带上一本自己最爱的《基度山伯爵》，先看上几页以后，再开始正式投入工作之中。这一方法是让自己先进入保持专注的状态，再切换任务，做自己该做的事情。

（2）进行自我训练

现实生活中，有些困难的任务是需要长时间集中注意力的。如果我们将一次长时间的集中注意力视为一场比赛，而你是参赛的运动员的话，你以为自己可以不接受任何训练，到了比赛日直接上场却依然可以拿冠军吗？如果你的回答是"是"的话，那么，你未免自视过高。

一个专业的运动员在参加比赛以前，往往会需要在赛前接受大量的训练，以达到可以比赛的状态，另外，他们也需要通过训练来保持身体处于最佳状态。同理，大脑也如同肌肉一般，它需要你对全神贯注的挑战做出更为显著的反应，而这将锻炼你的大脑，使它在更高层次下运作。

你可以采取以下训练方式，使自己适应长时间地集中注意力：

①先从半小时、一小时的专注开始做起，而不是一上来就要求自己专注五六个小时，待到自己适应现阶段的专注时间以后，再循序渐进地增加；

②淡化微信、微博、短信这类软件或工具在你生活中的意义，甚至直接断网，要明白即使你连续几天不去关注它们、不去上网，也不会发生什么了不起的大事，使自己浮躁的心安定下来；

③在每天选择一个特定的时间段，看看书，或是背背单词，使自己形成一

个规律的习惯。

你需要正视的事实是，长时间集中注意力的能力是需要在一段时间内缓慢培养起来的，那种想要在一朝一夕之间培养出此能力的想法是不现实的。

（3）用运动去唤醒躯体

当你发现自己的注意力无法集中时，不如适当地运动一下，站起来散散步、活动一下躯体，然后再开始。运动可以增加机体的血液循环，令你的大脑获得更多的氧气与脑源神经营养因子，从而令大脑更能够专注于某一事物上。

在运动时间上，也需要根据个人注意力分散情况来决定，如果你连续工作了一小时，导致注意力无法集中了，你可以运动十分钟来使自己恢复精力；但是，如果你因为长时间伏案工作而致使头脑不清醒，你可以选择去爬一下楼梯以后再洗一下澡——大量工作以后，适当有强度的运动可以迅速地让你的身体活跃起来，使其适应大脑需要高速运转的需求。

（4）不要让自己太过舒适

如果你想要在软软的床上躺着看四个小时的教科书，那你肯定很难成功。同理，在沙发上躺着，甚至是在家里面待着，都不利于你长时间保持注意力。太过舒适的环境会让人的精神彻底放松下来，在这样的环境中，个人注意力便很难集中。

因此，如果你想要专注某项工作的话，不如让自己找一个不那么舒服的环境，比如，要学习的话便到图书馆去，要工作的话，便为自己设置一个工作间，而工作间中的东西只与工作有关。

（5）对自己进行强烈的消极心理暗示

消极心理暗示往往会被视为是对人的积极性有打击作用的内容，但事实上，如果你利用得当的话，它也可以成为集中注意力的好帮手：你可以暗示自己今天不做的话就要完蛋了；比如，你手头的项目策划如果不做好，很可能上司就会因此而认为你是不值得信任的人，并就此将你打入"冷宫"不再重用。

诸如此类的想法往往会很有用，不过，你的消极心理暗示一定要足够强烈——强烈到将自己逼向死角、使自己的精神无处可逃的地步。唯有如此，才能让自己聚焦于手头的事情上。

值得一提的是，如果你的脑子里面已经充满了各式各样的杂事，那么，你将很难单纯地去聚焦于某一件事情上。不过，人在刚刚醒来没多久的时候，大脑里往往没有什么事情，这时候去开始一段时间的专注任务，往往是比较好的时机。

2.GTD 时间管理：把握自己是赢得时间的前提

人的注意力与记忆力都是非常有限的，我们没有办法同时记住很多事情、做很多事情，若没有工具与方法的帮助，很可能你会在重要的事情真正地到来的那一刻，才发现自己并没有给它分配足够多的时间，但相比之下，对于相对不重要的事情你却做了一大堆。

这样几次以后，你会明白，自己要记住并率先处理那些重要的事情，可是，由于平日里个人注意力极容易转移，再加上心里又总是惦记着还有什么事情，在这种情况下，我们就会需要一个更有效率、更管用的时间管理系统，来帮助我们实现更出色的时间管理。

丽亚米伦从未感觉自己是一个浪费时间的人，每天早上，她6点钟准时起床，为一家人做好饭、送孩子上学以后，再回到桌旁写作。她是一位自由设计师，这种无固定工作时间要求的职业使她比一般上班族拥有了更多的便利。

但可惜的是，丽亚米伦在增添了第二个孩子以后，突然发现自己的时间不够用了：有时候当她处理完一切事务的时候，已经是中午了——两个孩子马上就要放学，而她连菜都没有买回来。

在家庭与事业无法两全的情况下，丽亚米伦开始寻找自己在时间管理中的问题：为什么自己会浪费时间？那些原本被用于工作的时间跑到了哪里？

在没有条理的情况下，人们很容易将有限的资源进行不合理的分配却不自知，正因为我们与丽亚米伦一样，存在时间与资源不够用的情况，我们才会需要 GTD 系统：GTD 是英文"Getting Things Done"（完成每一件事）的缩写，这是一个如今在时间管理领域被广泛采用、赋予实际行动的有效系统，同时也是沃顿人少有的、全盘接受与广泛采纳的时间管理系统。

GTD 的基本理论是将一个人所要完成的任务与事件全部从大脑中移出来，记录到纸上，如此一来，大脑便不会被多余的事情打扰，而集中于眼下需要完成的事情上。它会通过各类原则，给你建立起催促自己赶快完成的印象，从而不用将本来可以立即解决的事情也放入计划中扰人心智。重要的事情不会忘记，等到有最终结果出现时自然也会回想起来，而关键就在于，个人是否在太晚以前安排好了时间去完成。

GTD的核心原则

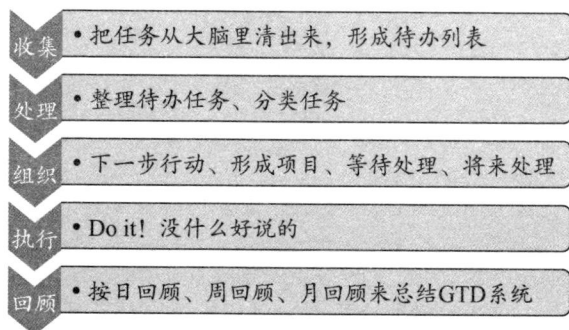

收集	• 把任务从大脑里清出来，形成待办列表
处理	• 整理待办任务、分类任务
组织	• 下一步行动、形成项目、等待处理、将来处理
执行	• Do it! 没什么好说的
回顾	• 按日回顾、周回顾、月回顾来总结GTD系统

详细来说，GTD 原则主要分为了五个核心原则。

（1）收集

将任何你需要跟踪、记住或者要做的事情全部记录到"收集箱"中：它可以是一个收件箱、某个电子邮箱、磁带、笔记本或者你的手机等掌上设备。将你脑子中所有的东西都清理出来，放到你的"收集箱"之中，准备进行下一步的处理。同时，每天抽出几十分钟来，收集一下脑子中的各类灵感、创意信息，记录到你的"收集箱"中。

（2）处理

将你收集到的所有信息按恰当的方式进行处理，每个星期至少处理、清空一次你的"收集箱"。

在处理你的"收集箱"时，你需要遵循以下工作流程：

- 从第一条信息开始处理；
- 每一次只处理一条信息；
- 不把任何信息放回收集箱。

如果任何一项需要做：

- 马上执行（如果花的时间少于两分钟）；
- 委托别人完成，或者将它延期。

否则：

- 将它存档以便查询；
- 把它删除，或者为它定义合适的目标与情境，以便下一步执行。

其中，我们在之前提到的两分钟原则在此处格外重要：它是一个分水岭，而这样一个短暂的时间与正式地推迟一个动作所花费的时间差不多，因此，任何事情若花费的时间少于两分钟，便马上去执行。

（3）组织

GTD 系统中有一个建议的列表集合，你可以从中选择一项，用来跟踪需要自己关注的项目：

①下一步行动（Next actions）

对于每一个需要你关注的事项，都定好什么是你能够在下一步实际采取的行动。比如，若你眼下关注的是"写项目报告"，那么，你下一步的行动可能会是"给同事发邮件召开一个简短的会议"，或是"给上司打电话，问清楚报告的具体要求"，或者类似的事情。

虽然要完成这一事项很可能会需要许多步骤与行动，但是其中一定会有你需要率先去做的事情，而这样的事情应该被记录于"下一步行动"列表上。更好的做法是，将这些事项根据可以被完成的"情境"进行整理分类，比如，"在办公室""用 QQ""在餐厅"。

②项目（Projects）

每一个需要多于一个实际行动方可以达成目的事件，就是一个"项目"。在项目进行的过程中，使用跟踪以及周期性的回顾，可以确保每一个项目都有一个下一步的行动进行下去。

③等待（Waiting for）

当你已经指派了某一事项给其他人，或者有在项目进行下去以前需要等待的外部事件时，你应该在系统当中跟踪以及定期检查，以便明确自己是否可以采取行动，或者是否有有关事项的提醒需要发出。

④将来 / 可能（Someday/Maybe）

归类于"将来 / 可能"一类的事项需要你在未来的某个时间点去做，但并不是马上，比如，"为假期做好准备"，或者学习一项"外语"。

在记录自我行动时，如果有可能的话，你可以使用下一步行动列表来代替日历——它可以让你的下一步行动进一步清晰化。不过，这并不意味着日历没有了可取之处，虽然日历并非时间管理的主要工具，但是它可以用来跟踪预约与委托，提醒你某件必须要在特定期限内完成的事情等。

（4）执行

若你将自己的时间都花费在了组织工作、而非执行它们上，那么，这样的系统便是个只说不做的无用功系统，因此，执行是将 GTD 系统进一步落实的具体步骤，而前面的步骤都只是为了在你做事情的时候，令它变得简单、容易而有趣，以保证你在工作的过程中不会拖延，或者被随时有可能发生的琐事分心。

（5）回顾

你应该按时、定期回顾自己的列表，事实上，若你没有及时整理与回顾每日信息与行动的话，那么，整个 GTD 系统就是毫无用处的。通过回顾，你可以制订下一步的计划，或者了解某一项目的具体进度，从而使自己走在时间的前面，而非被动地安排。

需要注意的是，这种回顾至少应以"星期"为周期，每一星期回顾时，都将未处理的信息进行处理，同时在回顾所有列表时，检查有可能已经完成的"等待"或是"将来／可能"列表中的行动，以保证所有的事情都在 GTD 系统的管理之中井然有序地进行，而且，所有的事情都已经更新到了最新的进展。

虽然刚开始使用 GTD 进行回顾时是一件非常麻烦的事情，但是千万不可停顿，否则，因为停顿而形成拖延以后，事情会不断积累，导致你的整个GTD 系统处理过程堵塞。一段时间的停顿以后，只会有一个最终结果：你运用GTD 系统改善自我时间管理现状的打算全面失败。

鉴于 GTD 的有效性，你很可能一试便喜欢上了这种时间管理系统。当你开始慢慢地适应了 GTD 以后，你会渐渐地发现，其实你要不断地调整、精简自我系统，从而使 GTD 更好地适应自己的状况。而在这一"调整—适应"的过程中，你的 GTD 系统不仅会带有更多的个人色彩，同时它也会更有效率、更出色。

3. "晨间时间"是改变人生的时间段

意志力就如同肌肉一样，过度使用也会令人产生疲惫之感。也就是说，在经过了一天的劳累以后，一般人到了晚上便会意志力消沉，自控能力变差，或是容易做出错误的决策。相反地，在一天刚开始的早晨时间，往往是人们思路最清晰、想法最乐观，并且准备好面对各类挑战的时候。

美国畅销书作家安东尼·托宾亚曾在其作品中提到，如果你想专注于某件事情，却不想要受到干扰，那么早上是最理想的时间段。为了不受到孩子、员工与老板等因素的干扰，托宾亚每天早上都会将当天最重要的优先事项进行预先的整理，这样做带来的好处就是，在正式工作时，他的效率出奇的高。

如果你是一位不想因为工作放弃自我兴趣的人，那么，早上也是不错的选择：托宾亚的一位朋友每天早上都会早起一小时来做自己最喜欢的沙画创作。将培养兴趣的时间挪到一天的最前面，如此坚持了三年以后，他已经是美国西部最出色的沙画创作者之一了。

另有一些成功者喜欢将早上的部分时间留给家人，比如念书给孩子听或是与孩子一起做早餐。另一位朋友维克汉姆告诉托宾亚："除非我出差不在家里，不然，早上是我与女儿最珍贵的时光，我帮她穿衣服、铺床，或是陪她一起刷牙；当她的妈妈做好早餐以后，我们一家三口也会一起聊最近发生的事情。可以说，这半小时完整了我的生命，同时也给了我面对一天辛苦工作的勇气与力量。"

他们都在早晨时间形成了自己的做事模式，而这种模式也使他们变得更加积极与乐观地面对一整天的时间。

其实，对于"早起"这件事情会有两大难关：

- 不知道怎么早起；
- 不知道早起以后干什么，以至于好不容易克服了早起这一关，又继续回去睡觉了。

这两种人共同的特点是，他们的目标感都不强，而可以持续早起的人往往都是目标感较强的人，所以，相对于早起，我们更需要先找到一个非常想达成的目标。这一目标可大可小，而在确定了目标以后，我们便可以正视这一问题：

如何更有效地利用早晨时间。

对这一问题，安东尼·托宾亚提出了一些科学化的晨间活用法。

（1）起床时间的使用办法

在起床时，如果你能够听听音乐、想想今天应该做的事情，那么，你的一天可能会更有效率。

①利用音乐提升一天效率

一日之计在于晨，早晨起床时心情如何，对于一整天的工作效率有极大的影响，但是，有不少人即便是闹钟已经响起，却依然赖在床上，早上对这些人而言是一个充满了痛苦的时间：他们不得不离开舒适的床，去面对一天艰辛的生活。

其实，倘若在前一天睡前，先将自己喜欢的音乐设定为闹钟铃声，如此一来，仿佛在睡梦中听到了轻快的音乐，自然醒来后，心情也会随之快乐起来。喜欢古典音乐的人若是一大清早从帕瓦罗蒂的《四季》中醒来，想必一定会有一个不错的心情，工作效率自然也会提高。

这一方法也可以当作一种睡眠学习法，比如，学习外国语言的人，可以选择外语课程的铃声，如此一来，闹钟又可起到督促学习的作用。

②起床以前先想好今天要做的事情

从睁开眼睛开始，再起床、洗脸、吃早饭，到出门上班为止，这往往是一天之中最忙碌的时间段，再加上若你无法提前起床的话，这段时间往往很难悠闲地度过。

但是，如果你想要稍微缓解一下早上"时间紧张"的压力，你可以将上班前的这段时间分为两部分：一部分是从醒来到起床，一部分是从起床到出门。

这样的分法是为了在每一个时段以后，安排不同的使用目的。先是从醒来到起床的这段时间，醒来以后不必立即起床，而是让自己躺在床上，将一天的工作先做好安排，或者思考一些疑难问题的具体处理方法，待到将所想的事情整理妥当以后再起床。换句话来说，一天内要做的事情在床上已经做出了初步的安排。

使用这一方法有两大优点：

- 在早上的卧室里往往没有任何妨碍思考的声音或事物，可以安静地思考问题；
- 躺在床上这一姿势令人非常舒适，很容易打开思路，若工作上有什么行不通的地方，利用早上这段时间，便很容易想到解决的对策。

但是，若你是"如果醒了不立即起床，瞌睡虫便会重新跑出来"的那类人，最好不要让自己赖在床上——这种情况下，立即起身才是正途。

（2）在早上清空收件匣

利用早上的时间清空收件匣，让昨天的一切放在昨天，这也会使你有一种"今天是崭新的一天"的感觉。

①清空随身设备收件匣

你的手机、平板电脑很可能已经被你用来记录前一天发生的事情，比如，下一步的行动、随机跑出的灵感、想要购买的书籍、与朋友聊天时的承诺或者值得记录的事情等。这些随身设备上的笔记，在早上时可以再看一遍：将有用的加工整理成下一步的行动，没有用的直接删除——细心地照料这些内容，这些思考的种子终有机会长成参天大树。

②清空 E-mail

如果你有"清空收件匣"习惯的话，那么，你的 E-mail 数量会大大下降，因为除了少数需要即时回复的信件以外，大多数的信件会成为行动清单中的一部分，在合适的时间用合适的方式来回信。只要你能够拥有这样一份留意信件的用心，收信的对方也可以感受到回信中的诚意，使整个项目得以持续推动。在这样的情况下，信件少了，达成的效果却会更快更好。

（3）写一份晨间日记

早上写日记，不仅会使个人赖床次数减少，而且还会使早上的时间变成检视个人成长的时间。具体来说，坚持写晨间日记有两大好处：

①早上时间充裕，心情也往往非常放松，在精力充沛的情况下，书写时往

往能够全身心地投入，从而对自我拥有更深入的认知；

②早上检视，若想到有需要改善的事情，便无须担心没有时间：接下来的一整天都可以处理这件事情。

在写下只言片语以前，机体已经得到了彻底的休息，心理与生理上都可以更好地面对昨天发生的事情，以心平气和的态度来看待这件事情的好坏，自己处理事情的方式是否得当。而写晨间日记时，你可以参考以下模板：

昨日成功五件事	今日计划	未来梦想
昨日饮食 早餐： 中餐： 晚餐：	年　月　日　星期 天　　气： 温　　度： 体　　重： 特别提醒：	昨日学习、阅读、资讯
昨日快乐、创意、兴趣	昨日运动、排便	昨日人际

这是晨间日记常用的九宫格式方式，不过，你不一定按这九项内容，也可以不使用九宫格——慢慢来，一步步地建立起自己的模型，你会更愿意写晨间日记。

（4）利用早上完成自己的一万小时

你有梦想吗？有科学家研究称，梦想的实现要经过一万小时的积累，如果你有自己的小小梦想的话，不如利用早上的时间来完成自己一万小时的积累。

- 写作：早上起床以后往往精力充沛，此时是捕捉灵感的最佳时间段；

- 阅读：每天早上读上半小时或 40 分钟的书，然后再花几分钟时间做个笔记，记录下自己的想法；

- 学习外语：利用早上的时间来学习外语吧！如果你坚持下来，每天早上你至少能背下五个单词！

- 复习前一天的记忆：将前一天学习的内容做下复习，你可以试着手绘一张思维导图，做个小测试，看自己到底记住了多少；

- 锻炼身体：你可以选择慢跑、瑜伽或者游泳，让自己身体好一点是最值得的投资；

- 背诵或诵读：每天早上诵读一篇古文或者英语，每天花上 10~20 分钟，坚持一年可以学会很多东西。

如果你能做个计划，每天早上花费一小时去实现它，坚持一段时间以后，你会发现自己的梦想有了质的改变。

警惕：早上不要做这些事情

有些事情放在早上做可以提升一天的效率，有些事情却会让你的效率变低。以下是托宾亚先生建议在早上不要去做的一些事情。

- 看新闻：95% 的新闻对你没有任何价值，尽量不要在新闻上浪费时间；
- 打开电视：这是最容易分散注意力的方式；
- 收邮件并立即回复：会非常浪费时间；
- 打开微博、微信类即时通信软件：一旦打开，势必会刷朋友圈或是回复、聊天。

（5）利用杂时间与家人沟通

当你做完上述事情，然后从坐到餐桌前到出门的这段时间，可以被称为"杂时间段"，这个时段里，你很可能只会将精力放在摄入早餐上，但事实上，你还可以将其用来与家人共处、沟通。此时，不需要刻意地挪出时间，只是与家人一起坐在餐桌前，听他们说说话，讲讲自己的事情，便足以促进家人间的感情了。吃完早餐以后，一起换衣服，如果有可能，还可以一起出门，这实在是节省时间又增进情感交流的好办法。

利用早上到出门上班前的这段时间，将自己一天中精力最充沛、注意力最集中的时间段用在最值得的事情上，不仅会使早上时间获得最大的效益，坚持下去，可以令你的整个人生发生改观。

4. 午休改善下午的工作表现

你在 13：00 到 15：00 都在做什么？如果你的回答是"午休"的话，那这是对你的脑细胞来说最好的答案。换句话来说，一个午后小憩可以对你下午的工作效率产生意想不到的作用！午休对于不管是大人还是小孩都非常重要。在过去的几年时间里，坊间流行这样一种说法："在一天的正中午睡觉是懒惰"，但时至今日，早已有多个研究证明，午睡不仅对个人健康有好处，而且还可以大大提升下午的工作效率。

在 2014 年的一个研究中，美国国家航空航天局研究指出，30~40 分钟的午休可以将人的认知能力提高 40%！

实验证明，在 1000 名志愿者中，那些坚持中午工作不休息的人，在智力测试与情商测试、效率测试中，明显分数低于那些午休的人，特别是他们的工作能力与注意力方面的下降更是明显。

宾夕法尼亚大学心理学研究中心在有关人类睡眠效益的研究中，将 105 位实验对象分为有午休与没有午休两组来进行实验。最后数据显示，有午休一小时的人，他们在下午的清醒度是早上九点的九成，这证明午休可以使我们的大脑灵活一整天。

其实，中医界亦提倡睡"子午觉"，"子"是指夜间 11 点至凌晨 1 点，"午"则是指上午 11 点至中午 1 点，并认为，午时睡觉，对身体健康极为有益。

事实上，午休也的确能够起到休养身心的作用。

（1）午休是一种"小修"

若将人比作一台机器的话，那么我们必须要对自我机体进行不时的"修理"。除了定期进行"大保养"以外，不时进行"小修"也是必要的举动。而午休就是一种"小修"，哪怕只是片刻的小憩，对身体也是大有好处的。

很多人在养成午休习惯以后，不管是冬天还是夏天，一整个下午的精神都非常饱满。而没有养成午休习惯以前，一到下午便感觉无精打采，脑袋瓜还时常走神，特别是夏天，一到下午更会感到十分疲倦。

午休就好比对"身体"这台机器进行了一次小型的维护，它可以帮助身体各个部件更好地运行。其实，对于午休的好处，早已有人从学术上进行了研究。

德国睡眠研究专家研究发现，人体除了夜晚以外，白天也需要睡眠。在上午 9 时、中午 1 时和下午 5 时，人体会出现 3 个睡眠高峰，尤其是中午 1 时的高峰较明显。就是说，除了夜间睡眠以外，在白天，人体会有一个以 4 小时为间隔的睡眠节律。

专家们认为，社会多元又进步，人所遭受的各类压力非常大，白天的睡眠节律往往被繁忙的工作、学习与紧张情绪所掩盖，或是被茶、咖啡一类具有神经兴奋作用的饮品所消除，所以，有些人在白天并没有困乏之感。然而，一旦此类外界刺激减少，人类白天的睡眠节律便会显露出来，到时候便会有比一般人更强的困乏之感。

适度的午休对调养身心、舒缓压力、消除疲劳有极大的帮助。我们常见到除了人类以外的其他动物除了觅食与吃以外，其他的时间多在休息与睡觉，其实，它们是通过睡眠来保存能量。可以说，睡眠是所有动物延续生命与活力的方法之一。

（2）脑力劳动者更需要午休

国外有资料证实，午休是繁忙的工作后大脑重新获得高效率必不可少的条件之一，不少人，特别是脑力劳动者都体会到，午休以后，上午做不到或者遇到的难题往往在下午会被顺利地解决，所以，也有科学家将午休比喻成最佳的"健康充电"。

一般上班族、学生每日上午专注在自己的工作或学业上，到了中午，多会出现疲惫无力之感。若可以小睡片刻，使自己的身体得到充分的休息，下午便可以恢复活力。

（3）睡午觉也要讲究一些技巧

睡午觉若是在想睡的时候便睡，往往起不到改善下午工作表现的效果，唯有合理的午睡方法，才可以达到最佳的休息效果。

①选择正确的入睡时间

每一个人的工作不同，这就导致了个人具体午休的时间也有所不同，比如，一个搬运工适合在工作7小时以后午休；不过专家们分析认为，人们最容易获得高入睡效率的时间，是在早上起床后8小时，或是晚上睡觉前8小时，即1点钟左右。因为这种时候，人的警觉性是处于自然下降期的，此时午睡身体便可以得到很好的休息。

②注意睡眠卫生

很多人习惯在午饭以后立即倒头睡觉，但是，此时胃刚刚被食物充满，大量的血液流向胃部，血压下降，大脑供氧及营养明显下降，马上入睡会引发大脑的供血不足，所以，不仅午睡以前不可吃太过油腻的东西，而且也不能吃得太饱，以减少胃消化负担。同时，若可在午睡前进行一些如散步一类的轻度活动10分钟，便可促进食物消化。

③时间不宜太长

宾夕法尼亚大学的生物学家提出，午睡一定要短，才可以得到更好的效果。据他们的研究证明，在大约45分钟以后，午睡产生的良好作用便会消失：一般人在入睡超过45分钟以后，便会由浅睡眠进入深睡眠阶段，此时，大脑的各个中枢神经的抑制过程进一步加深，脑组织中的许多毛细血管暂时关闭，流经脑组织的血液相对减少，体内代谢会逐渐慢下来。若在此时醒来，个人往往会感觉到周身不舒服，并出现头昏眼花、无法集中注意力的情况而更加困倦，这种不舒服往往会持续 10~40 分钟之间才会消失。如此一来，午睡反而会成为影响下午工作效率的因素。

所以，一个 15~35 分钟的有效睡眠非常有好处，在这段时间里，劳累了一上午的机体能够得到休息，大脑的神经元也会得到恢复。飞行员对此再了解不过了：一个 20 分钟的午睡可以有效地降低在半空中飞行时失去控制的危险。

④不可趴着睡

许多学生、上班族因为条件限制，往往会在桌子上趴着睡午觉。可是，伏案睡觉会使头部供血减少，令人睡醒以后出现头昏、乏力、眼花等一系列大脑缺血、缺氧的症状。同时，使用手臂当枕头，会令眼球受压，久而久之便容易诱发眼病。更重要的是，趴在桌子上睡觉，会使胸部受到压迫，影响神经传导与血液循环。因此，若想在上学、工作期间午睡一下的话，不妨找一处安静的场所，让自己在沙发或者几张凳子拼在一起的临时床上暂时栖身。

午睡是人体生物钟的一种科学调剂，唯有正确地午睡休息，方能在有利于健康的同时，使自己更好地迎接下午的工作与学习。因此，如果你想要在下午获得更高的工作或学习效率的话，更科学地午睡吧！

5. 假日里，也要严格维持时间习惯

在繁忙的工作时间里，我们往往会期盼着假日的来临。但若你好不容易等来了假期，你会在这些格外宝贵的休息日里做些什么？是倒头大睡几天，还是安排紧张的旅游行程？是整日聚会、大吃大喝，还是完全地放空自己，抑或是连自己都不知道到底要做些什么？

亚当斯只要一到休假时间，一定会睡到中午，在他看来，这样的休假方式才能够消除过去在工作日积累下来的疲劳。但是，哪怕他整日都睡觉，

到了重新需要上班的日子，身心的疲惫感依然在。

可丽佳习惯在假日与朋友们一起度过——事实上，说她的假日受朋友们控制更恰当：假日里，只要一有朋友召唤，可丽佳便不知如何拒绝，哪怕很想要利用假日去给自己做个美容，她也会恋恋不舍地放弃，然后去参与朋友们的活动。

在上班时间里要做时间管理，那么，在休假日里我们是否也要做时间管理？布尔·斯托克先生给出的答案是"是的"。身为沃顿商学院最出色的经济学助教之一，斯托克一直以自己出色的时间管理能力在院中出名。在他看来，工作时间管理是为了获得更高的绩效、更多的工作成果；在休假时间里的时间管理，则是为了有更好的放松效果与充电作用。唯有更恰当地对待休假时间，在休假过后，方可神清气爽、精神抖擞地重新投入职场工作中。

那么，怎样才算是"更恰当"地对待休假时间？斯托克给出第一个建议是将假日三分化。

（1）利用"三分法则"

想要让自己的假期过得轻松自在且不失意义，斯托克的"三分法则"是一个不错的参考方向。所谓"三分法则"是指，将长假期切分成三份，在这三部分不同的时间里进行不同的规划，使自己可以获得充分的休息，并能够有所成长。

第一份时间：休闲娱乐时间

在好不容易才得到的假期里，你很可能会有很多期待已久的聚会或旅游活动。在这些假期中，进行适当的休闲娱乐是合宜的，但若你准备进行较远途的旅行，你便应该在出发以前做出适当的安排——一个完整的旅游规划会减少你乘兴出游却败兴而归的概率。

第二份时间：处理生活事务

平日里忙于工作，你很可能有很多如理财、探亲访友、个人健康等大小事务疏于安排，甚至很可能连卧室都许久未曾整理。在假日里，抽出 1/3 的时间将家中环境仔细整理好，使居家环境焕然一新，假日也会过得更舒心一些。

第三份时间：学习补充及心灵成长

假期是难得的休息时间，可视休假时间的长短，拨出一些时间，看一些平日里无暇浏览的书籍、看一场没有空去看的话剧、参加一个短期的学习课程或者成长团体的活动，使自己的心灵暂时忘却与离开工作，在与自我进行对话的过程中，个人心灵可得到沉淀，自我也会获得新的成长机会。

可以看得出来，"三分法则"在娱乐活动外，也适当地拨出了时间处理生活事务及用来安定自己的心，从而达到了令自我工作与生活更平衡的目的。

（2）让假日社交保持高效产出

国人向来讲究礼节，好不容易得来的假日很可能在走亲访友间便过去了，在频繁的社交过程中，不仅没有办法按计划做事情，而且还很容易将自己搞得很累。有些人甚至会因此而更向往上班时间：至少，上班时间生活较为规律，自己也更能控制时间。

其实，如果你认为假日的社交并没有利用假日享受生活重要的话，那么，你可以利用以下办法，使自己的假日在社交上保持高效产出。

①尽量把约会集中到一天

不管是家庭聚会、朋友聚会还是老同学聚会，都会提前约好时间与地点，且90%以上的人会对时间安排抱以"无所谓"的态度。可是，若你珍惜自己时间的话，就不应以无所谓来面对，你可以告诉组织者："你感觉周日晚上8点如何？你看看大家有没有时间。"90%的人都弃权表态的话，便意味着，"聚会时间"有极高的概率变成"我的时间"。

此外，将所有的约会都集中在一天处理也是极佳的办法，比如说，若是放假三天的话，如果每一天的下午都有一个约会，未免让人感觉烦躁不安；但是，将这些约会都集中在一天中的不同时间，那么，你就会清楚地知道，过了今天以后，明天便是属于自己的自由时间了——如此一来，你自然能够拥有一个更开心的假日。

②把不重要的约会尽量推掉

约会就如打电话一样：有些人会使用1分钟来说明打电话的原因，然后用

10 分钟的时间去聊一些毫不相关的事情。一旦你察觉有此苗头时，你可以找个借口"恰当地退出"，甚至婉言拒绝那些对你意义不大但又属于闲聊类的聚会。一般情况下，斯托克会选择拒绝以下几种约会：

- 最近频繁见面的邀请：如果连续超过 3 天都在与一些固定的朋友见面，那么，你便可以在没有时间的情况下，婉言拒绝这些人的邀请；
- 意义不大的邀请：有些人发出邀约，纯粹是因为他们比较闲，若你自己时间不方便的话，当然应该拒绝；
- 不需要面谈的应酬：有些人不管什么事情都想要将你约出去面对面地聊，对于此类应酬也应推掉。

值得一提的是，拒绝邀约是极为考验个人评估能力的事项，在这种时候，权衡一下什么对你来说是重要的、什么不是，你才能够做出准确的决定。

③尽量主导话题

与亲友聊天的过程中，不管人数多少，总是会有一个主导话题的角色，这一角色一般由聚会发起者承担。若你口才可以的话，最好争取到这个"话题主导者"的角色：主动地去获取信息，远比你被动地接受、然后再进行过滤要节省时间得多。

亲友聚会多半话题会围绕着大家的近况，然后针对一些大家感兴趣的话题进行沟通，所以，以下几个话题可以作为开场白：

- 每一个人最近在忙的事情是什么？
- 上一次提到的 ×× 事项进展如何？
- 某人的公司 / 工作最近如何？

然后根据不同人的回答内容再进行一些深入的沟通。

这样的话题不仅承接了上次交流的话题，同时也问了近况，也达到了深入交流的目的，而主导话题者获得的信息量也会比较大，在这次的约会，他的产出也会更多一些。

（3）若有必须要做的事情，更需提高效率

如果你在经过评估以后，发现自己的确有重要的事情必须要在节假日完成，斯托克也有一些方法可供你借鉴。

①避免占用个人高效时段

若你平日里在进行时间记录的话，你就会对自己的"高效时段"有一个把握。拿斯托克来说，他一般在上午 9 点到 11 点之间效率最高，在安排假日活动时，若有必须要完成的工作，他便会尽量避开这一"高效时段"，从而使自己尽量可以在日程满满的一天中拥有更多的产出。

②适当减少睡眠

过节时往往是睡眠不足时：不管晚上熬夜与否，早上都会很想睡个懒觉。既然如此，你可以选择主动地减少睡眠，比如，若你在平日是 23 点上床睡眠，在节假日中，你可推迟 1~1.5 小时睡觉，并利用这段时间来做一些重要的事情——反正第二天早上你睡懒觉的概率如此之大，利用晚上做些事情明显会使时间更有效能。

当然，如果你习惯早起，且在假日坚持早起，那也是不错的选择。

③当无法避免时尽量享受

上面提到的皆是如何在假日为自己留出一些时间来做自己想做的事情，但总有一些约会是你必须要参加的，比如最好的朋友的婚礼、亲人举办的聚会——既然这些属于无法避免的项目，那么，暂时地放下你心中重要的事项，好好地享受与亲友在一起的时间吧！那种一边参加聚会、一边心中想着事情的做法，只会让你两头皆无效率。

正如我们之前提到的，所谓时间管理，并非要在单位时间内完成更多的事情，而是能让我们更好地去做事。因此，哪怕是在假日，你都应遵循自我需求，什么时候该休息、什么时候该工作，听自己的、听身体的。唯有如此，你方可在休假以后获得再次全身心投入工作的机会。

6. 依据结构化思维，统筹碎片时间

若你恰好有大量的空闲时间，那么，利用它的最好办法莫过于放松玩乐，将自己从充满压力的日子中解脱出来，或者与自己喜欢的人一起度过这宝贵的休闲时间，当然，你也可以用来阅读以提升自我。但是，若你只有一点空闲时间呢？比如说，5分钟或者10分钟？你要如何最有效率地利用这些小段的空闲时间？

这一答案往往会因为个人习惯不同而不同，而时间管理专家们也早已为这种小段的空闲时间起了新的名字——"碎片时间"。最好地利用碎片时间的方法取决于你的工作方式与你要做的事情，在这一点上，"液晶之父"、知名物理学家雷曼做出了一个极佳的榜样。

雷曼先生每天都会有提前规划"琐碎事务"清单的习惯，他会随身携带一个小小的记事本，在每天傍晚时，将那些能够在次日碎片时间处理的事情列成一份清单，而他最出色的发明——有关液晶的原理，都是他在一块块琐碎而短暂的时间内思考整理出来的。

在雷曼先生看来，必须要将这些具体的安排写成文字的原因在于，很多事情都是"太过琐碎的小事"，它们小到了大脑很难将其一一记住的地步。相比之下，写下来反而成为使它们更容易被记住的最好办法。

很显然，雷曼先生的办法是值得借鉴的。对于现代人来说，利用碎片时间来完成一定的工作以提升个人效率，是个人必须要建立的一种时间管理能力。不过，虽然有很多人意识到充分利用碎片时间能够使自己收获更多的时间价值，但他们却并不知从何处入手。造成这种窘境的原因在于，个人未能为自我碎片时间建立起结构化的管理思维。

沃顿人认为，在无法避免自我时间被碎片化的情况下，依据结构化的管理思维做好筹划、充分地利用起碎片时间，明显更有利于个人时间效率的提升。

（1）明确观点：碎片时间也可被用于系统化工作

在学校读书阶段，你还有找到大块时间做事情的可能，但在职场，你是不可能指望自己可以轻易地挤出大块时间做工作的。在现代职场，总的趋势就是工作时间日渐碎片化，我们的整块工作时间早已被电话、邮件、QQ、会议打断成碎片，而微信、微博这样的移动媒体正在加剧这一趋势。

碎片时间越来越多，就意味着大块时间越来越少，而大多数人都存在这样的错误认知：认为重要的工作一定需要大块的时间来完成，比如写一份方案，需要的就是至少一个上午不受打扰的时间。

事实上，我们仔细地回忆一下写方案的过程，它可以分为两种情况：一种是下笔如有神，只要有安静时间便可一挥而就；另一种是写了好几个开头，却都无法深入下去，只得换个时间再写。造成这两种不同结果的原因很简单：个人是否对方案本身有过长时间的积累——若失去了积累，给你再多时间也无法写好。

明白这一点，我们便很容易意识到：有些工作的确是需要通过大块时间来完成的，但若不进行提前铺垫的话，这些大块时间是不会产生高效率的。

当你需要写一篇文章时，很可能没有一个上午或一个白天的整块时间，但你却可以时抽出 15 分钟甚至仅仅 5 分钟的时间，积累碎片化的灵感、就文章内容请教他人或者整理出一个提纲等。

写方案如此，其他很多工作其实也可以这样完成，比如营销策划、项目计划等，许多看似困难的智力劳动其实都可以这样利用碎片时间加以完成。

（2）减少碎片时间

目前，大多数上班族的工作环境相对宽松，在可以自由上网的情况下，随时弹出的即时通信软件信息、邮件信息甚至是网络上的广告等都可能打乱原有工作节奏，导致个人大块时间被划成碎片时间，注意力下降，工作效率低下。想要减少此类碎片时间的出现，我们可以按以下方法尝试一下。

- 上班时间尽量不要开 QQ、微信等即时通信软件；
- 每天上班的前一两个小时是精力最集中的时段，你可以用这段时间来处理最重要的工作；

- 若一个问题使用即时通信软件无法用两三句话说清楚的话，就直接沟通；
- 使用各类订阅源，订阅自己感兴趣的资讯，并放在固定的时间去浏览，省去随意上网浏览的步骤。

（3）思考自我碎片时间

现在，你可以问自己一个问题：你能够利用的最小时间单位是什么？是1分钟还是3分钟？

你的1分钟可以做什么？

你的3分钟可以做什么？

你的5分钟可以做什么？

……

大部分人在面对这一问题时，往往很难给出多种的回答，但是，若你的碎片时间找不到合理的用途，它的最大可能就是被你浪费在一些毫无意义的事情上。因此，你可以思考一下自己的时间：被碎片的那些时间大约都是什么时候？自己想用来做什么？制订个计划或者做些准备，从而当碎片时间到来时，自己好从容应对、妥善利用。

（4）考虑制定"琐碎事务"清单

对普通人来说，我们可以在自己随身携带的小本子或是直接在自己的智能手机里写下一些碎片时间利用方法，比如，当天需要打的一些"不是非常重要但必须要打"的电话、需要购买的一些小物品、需要查询的一些资料等。

在规划自我"琐碎事务"清单时，你需格外注意：最好将琐碎事务按照5分钟、10分钟及15分钟可完成的具体工作量来划分。一般来说，超出20分钟以上的时间段，便不能再算是"碎片时间"了。

或许有人会问，为什么不设计一些1分钟或两分钟的事务？这是因为我们之前提到的"两分钟原则"：不管事情重不重要，只要一两分钟内可以解决的事情，就应该立即动手去做，而不要让小事快速地堆积。

（5）依据具体情况制定碎片时间表格

在动手制作自我"琐碎事务"清单时，你最好将它做成表格状：它可以方便地将你的碎片时间单位用途与你生活中的情景关联起来。

这样在任何场合下当你意识到自己有几分钟碎片时间时，你能够马上安排零碎时间去完成一件小小的工作，而不是临时去想自己能够干什么。而一旦你的碎片时间用途越多，你的时间支配自由度便越高，你就越能够自由组合时间碎片去完成不同的工作。

如此一来，你便可以慢慢地学会将每天的碎片时间串联起来，完成一件重要的工作。比如，当你准备写一篇文章时，你可以利用在回家的地铁上积攒一些灵感，然后花费 1 小时的时间整理出提纲，待到一个相对不忙的时间封闭自己，将文章一口气写出来。

碎片时间利用示例

5 分钟能够完成的事情：写采购列表、打电话、清理办公桌、整理档案、放松一下身体；

10 分钟可以做完的事情：拟定明日计划、付几张账单、发快递、阅读一篇文章或是资料、发送或是回复邮件；

15 分钟可以做完的事情：草拟提案纲领、做事项计划、整理名片、打电话。

当你将自己的琐碎事务清单整理好以后，就会发现，在面对突然冒出来的碎片时间时，自己不至于一片茫然。比如，会议推迟 15 分钟开始时，你可以先做一下会议上的讲话要点；在与客户的约会推迟时，你可以到书店去购买几本对工作有益的书籍。

与其养成依赖大块时间方可集中注意力工作的习惯，还不如提前训练职场真正需要的碎片时间利用能力。当然，这并不是说有些工作不需要大块的时间，而是利用好碎片时间，便可以大大地节约大块时间，从而使这些相对更宝贵的大块时间能够利用到更重要的工作上去。

7. DISC 系统：找出个人行为模式

个人性格对于时间管理到底起到怎样的影响？我们早已熟知：人唯一真正拥有的就是时间，人真正的财富也唯有时间。习惯造就性格，性格又决定了命运。因此，可以说，个人的时间管理方案，在很大程度上是受到自我性格的影响。

莱纳德并非一个有组织的人，他为人随性，做事的方式与效率往往都是随心而定，所以，不到万不得已，他并不会提前做计划。他对文字的记忆力极差，对没有关联的事物也很难记住，但是对图画、音乐旋律则有着很好的记忆力。

不过，这种性格特点让他备受痛苦：他是一家公司的文案设计，在做案子的时候，明明最初思路很清晰，但只要一被打断，再想回到停止的地方，就需要回想很久。甚至连昨天刚刚结束的案子，第二天上司再问时，他都需要再问一遍才知道。

虽然自己在做事的效率上如此低下，但莱纳德的自尊心却极强：很多事情，明明他只要开口拒绝或者直言自己做不到，他便可以不需要那么辛苦，但是，他宁愿自己熬夜通宵完成工作，也不愿意那样做，他过不了自己这一关，更受不了他人用怜悯的目光看自己——不管那到底是怜悯，还是真正的体谅。

想要更有效地对自我生活进行规划，更有效地管理时间，我们便需要更好地了解自己，了解自己的行为对他人的影响。你要更全面地了解自我——不管这种了解是否会让你因为触及自我黑暗面而出现不适之感。承认所有的信息，哪怕这一信息有可能会与你自己眼下的评价相冲突。

如果你真的想要知道你是怎样的人，个人行为模式将会帮助你。

个人行为模式是能够确定个人行为，以及最有利于个人成功的环境的系统模式，它所强调的是：控制力（dominance）、影响力（influence）、稳定性（steadiness）和责任心（conscientiousness），因此又被称为 DISC 个性模式。

在观看下面的内容以前，你可以拿一张纸、一支笔，记下自己与四个模式中相符合的选项。而你在哪一模式中选择的内容越多，便证明你的行为越趋向于哪个方面。

（1）控制力

控制力是指自我改变环境的能力，即能否在不利的环境与条件下，依然获得成功。

个人控制力内容

- 能够立即行动
- 敢于接受挑战
- 可迅速做出决定
- 敢质疑现状
- 能够树立威信
- 敢于应对麻烦
- 能够解决问题
- 可获得明显的效果

（2）影响力

影响力是指影响或者劝说他人来尽力改变环境的能力。

个人影响力内容

- 能够进行良好的交流
- 能给人留下良好印象
- 说话清晰、明确、有条理性
- 可以创造出带有激励作用的环境
- 充满了热情，能够给人们带来快乐
- 能够乐观地看待人与事
- 积极地参与团队合作

（3）稳定性

稳定性指个人是否能够做到与他人执行任务。

> **个人稳定性内容**
>
> - 做事方法稳定，始终如一
> - 有耐心
> - 愿意发展特殊技能
> - 乐于助人
> - 对团队忠诚
> - 善于倾听
> - 善于安抚他人
> - 能够独力或推动创造出稳定、和谐的工作环境

（4）责任心

责任心是指对待工作认真负责，可以在保证时间的前提下，保证质量与准确性。

> **个人责任感内容**
>
> - 可判断出关键的标准与指令，并能够遵守
> - 善于集中思考重要细节
> - 拥有逻辑思维，可权衡利弊
> - 处事方圆有道
> - 能够运用巧妙或者间接的手段来解决冲突
> - 能够进行检查，可确保准确无误
> - 能够对自己的表现进行批判性的分析
> - 善于运用系统的方法应对各类事情与情况

可能现在你已经判断出了自己在四个方面中，哪个方面占据优势，哪个方面占据劣势，若你发现自己在某一方面出现了严重的偏差，也不需沮丧：只有时间管理天才才能够完全地与上述准则符合，我们所提供的，只是完美的标准，而它的作用是用来帮助你找出自我行为中的劣势方面，从而在接下来的阅读过程中，对应不同缺陷，进行恰当的弥补。

（5）通过测试，识别个人时间管理性格

如果从个人 DISC 系统中，你还未判断出个人行为模式，并不能将其与时间管理进行具体联系的话，那么，下面的测试可能会帮助你更好地识别出自己的时间管理性格。

- **团队合作**

我愿意参与团队合作，因为那样任务能够快一点完成。	A
我喜欢与大家一起创新，而且人越多，我越感觉兴奋。	B
如果大家的意见不一的话，那我还是单干好了。	C
遇到比较复杂的项目，我宁愿单干。	D

- **准时性**

本来我很想准时到达，不过，总是在最后一刻出事。	A
我总是在最后一刻到达约定的地点，而且所幸未曾迟到。	B
我总是掌握好时间，因此我一向都很准时。	C
我宁愿早出门一些，以求自己可以更准时一点。	D

- **做事的先后顺序**

我没办法长时间应付多种任务，我喜欢全身心投入一件事情中。	A
我不喜欢做事分顺序，对我来说，所有的任务都是一样重要。	B
我能够同时应对多项任务，不过，我要先分出先后顺序。	C
我认为将事情分出先后顺序很重要，这能够节省很多时间。	D

- **委派能力**

我喜欢独立完成任务，不需要他人的帮助。	A
我不愿意请人代劳，哪怕手上有多重任务，因为我坚信自己的主意最好。	B
我愿意将任务交给他人，这样我就能关注重要的任务了。	C
除非我信任并了解对方的能力，否则我不会轻易将任务交给对方。	D

- **计划性**

我喜欢进行粗略的计划，这样能够在遇到新任务时进行快速调整。	A

我认为按日程表做事会使人受到拘束，我喜欢自由支配时间。　　B

我会计划好一天的任务，而且不分大小，完全精细化。　　C

我会对一天的任务进行计划，我不喜欢混乱地做事。　　D

• **拒绝能力**

对那些感觉有挑战的要求，我会毫不犹豫地答应下来。　　A

我愿意帮助他人，所以往往很难拒绝别人。　　B

如果对我不重要的事情，我会明确地拒绝，我坚信这样不会为我
带来麻烦。　　C

我不愿意惹别人生气，所以，我宁愿委屈自己也要说同意。　　D

• **整洁性**

我不太在意整洁性，必要的时候，我会快速整理一下。　　A

我喜欢杂乱，过度的整洁会让我感觉枯燥无味。　　B

我的工作台只在忙碌的时候很乱，平日是很整洁的。　　C

我必须要保持工作台整洁，否则我便无法安心工作。　　D

将自己的选择加起来看一下，自己的 A、B、C、D 中哪个内容更多？选的
最多的那一项，反映了你在时间管理上是哪一类性格。

选　项	A	B	C	D
数　量				

A 选项多：急躁型时间管理者，一切都以速度为准，追求速度越快越好。

B 选项多：随意型时间管理者，不喜欢计划时间，而喜欢即兴处理问题。

C 选项多：实干型时间管理者，总是寻找时间、利用机会来推进工作。

D 选项多：精细型时间管理者，他们关注细节，总是从小事上看出区别。

时间管理性格一览表	
急躁型时间管理者	● 思维敏捷 ● 说干就干 ● 积极进取 ● 能够灵活地掌控时间 ● 能够帮助他人 ● 善于与人合作 ● 善于利用信息者
随意型时间管理者	● 思维活跃者 ● 有创造力 ● 对时间抱以乐观态度 ● 善于创新 ● 紧急关头的应对高手 ● 善于发散思维
实干型时间管理者	● 总是干劲十足 ● 最高效的时间管理者 ● 怀有雄心 ● 精力过人 ● 果断 ● 善于解决问题 ● 善于指挥 ● 能够勇敢说"不"
精细型时间管理者	● 喜欢追求完美 ● 聪明，在某一领域是优秀者 ● 有见地，有遇见性 ● 善于组织 ● 谨慎，对风险尤为如此 ● 善于分析局势 ● 对时间管理抱以认真态度 ● 重视质量，追求细致化工作

　　你可能会发现，没有人是绝对某一型的时间管理者，这证明我们以往的时间管理习惯、工作特点使得我们形成了某种时间管理特点。因此，对自己了解得越多，便越能够利用本书的知识，来更好地安排自己的人生，并获得相应的成效。

8. 改变休息方式，让自己不再疲惫

如今，极端激烈的竞争环境使生活节奏加速，而这意味着"休息"对于很多人来说都成了一个陌生的概念，甚至当人们闲暇时，他们反而会深感愧疚，因为他们没有好好地利用这点时间去学习或者做一些其他更有益于人生的事。但反过来看，休息真的对人生毫无益处吗？从沃顿人人皆知的"伐木者"故事中来看，未必。

故事讲的是两个技术熟练、体格强健的伐木工人 A 和 B 要进行一场比赛，看一天中谁砍伐的木材最多。

比赛这天，天刚一亮，两人便开始干活了，他们不慌不忙地砍倒一棵又一棵的大树。由于伐木是一件重体力活，两人干了一会儿便一身大汗，不过他们的速度此时相差无几。

此时，A 时不时扫一眼 B，他注意到，B 正靠着一棵树休息。为了比对方干得更多一些，他趁着对方休息时赶紧继续砍伐；一整天的时间里，他连续不断地拼尽所有力气干活，就连一次也没有休息过。相比之下，B 在一整天的伐木工作中却总是在有规律地休息着。

这一天终于结束了，A 满心以为自己会比 B 砍伐的木材多，但令他大为惊讶与沮丧的是，对方的木材堆远远超过了他的！此时，他问自己的竞争对手："为什么你总是在休息，但你却比我砍伐的木材更多？"B 回答说："每一次休息期间，我都在磨快我的斧头。"

这是一个极富教育意义的故事，它在提醒我们：若我们盲目地使用同样的方式做事，但却不反思如何才能做得更好、更有效率，不停下来"磨快我们的斧头"的话，会产生怎样的结果。

很多人并不明白什么是真正的"休息"，休息其实是放松神经、恢复精力

的一个具体过程，当你休息过后、重新投入工作与学习时，感觉自己又是一个精力充沛的人——若你的休息方式无法达到这一效果，那么，它便是无效的。

（1）了解休息误区，兴起休息革命

想要真正地通过休息带来高效，我们就必须要了解休息的误区：脑力劳动者采用瞌睡是无法达到休息的。

这可能与你的普通认知存在差异：写了一天文章、做了一天的工作安排，当一切都结束时，你感觉自己很累，并想通过睡觉来达到补充体力的作用——可当你这样做以后，你很可能会发现，一觉醒来自己依然很累。

睡眠的确是非常有效的休息方式，但它更适用于睡眠不足者或体力劳动者；体力劳动者由于身体大量出力，体内会产生大量的酸性物质，这些酸性物质无法及时排出体外，往往会造成"垃圾"堆积。想要将失去的能量补回来，就必须要通过睡眠这一休息方式，使全身肌肉与神经完全放松，也令堆积的"废物"排除出去。

但如果你的工作主要是脑力劳动，那么，你的大脑皮层便往往处于极度兴奋状态，而你的身体却处于低兴奋状态。除非你熬夜加班，导致睡眠不足了，否则，对于这种疲劳，睡眠可以起到的作用并不大。对脑力劳动者而言，找件事情，使大脑神经放松下来，才是休息的正途。

（2）不必停下来，只需要换一下

停止活动并不会帮助我们休息，改变活动的内容才可以。大脑皮质有一百多亿个神经细胞，其功能各不相同，它们以不同的方式排列组合成各不相同的联合功能区，在这一区域活动时，另一区域便休息，所以，通过改变活动内容，往往可以使大脑的不同区域得到休息。今依据于大脑的此特性，沃顿人广泛地使用"莫法特休息法"（又被称为"连续分段时间管理法"）来进行休息，该休息方法主要有以下5类工作模式。

①按抽象与形象来分配时间

我们可以按研究的不同材料进行时间的分配，缓解大脑疲劳程度，研究理论问题时，可以与学习形象、具体的问题交替进行，比如，我们在研究哲学、历史等问题时，一旦感觉疲惫，便可以阅览一些图片、阅读一些小说或诗歌。

②按研究问题的不同角度分配时间

即使不更换研究对象，只通过改变研究角度、从不同侧面分析问题，同样可以引起大脑新的兴奋点，达到提升工作效率的目的。比如，若在阅读枯燥的理论大书时读不下去，可以先从中找到自己感兴趣的点开始读，甚至跳着读、倒着读，最后再读开头。

新鲜的知识、信息可以引发我们的浓厚兴趣，只要善于变化，同一种工作，每一次着手做时，都可以从不同侧面、不同部位入手，从而引发新鲜的感觉，提起我们的兴趣。

③按动静交替分配时间

使用同一个姿势坐着读书、写作或者绘图，时间久了总会感觉累，此时我们可以改变具体的姿态或是换个地点。

比如，在读一本经济理论书籍时，在房间里坐着读了一个小时以后，可以在房间里面站着读，也可以边走边读，或者走到阳台上再读。如此一来，便不会有枯燥乏味之感，同时也可加深印象。

有时，也可将查找资料与集中精力工作交替进行。我们常有这样的情况，正在紧张地工作，忽然要查阅某个材料，此时，千万不要认为自己是在浪费时间——这正是调节大脑皮层不同区域的劳逸不均、消除疲惫、提升工作效率的好办法。

④按体力与脑力互相交替分配时间

平日里，我们可以将紧张的学习、研究与体育锻炼交互进行。一旦集中精力工作到疲惫时，便可以放下手头的工作，到户外去散散步，或者慢跑十分钟。经常进行这些户外有氧运动，不仅能够增强我们的体质，而且对提升工作效率也大有好处。

⑤按工作与娱乐休闲交替分配时间

为了赶任务，在短时间内废寝忘食地工作是可行的，但若终年日夜如此的话便很容易造成机体受损。人生必须要张弛有度方可持之以恒。在紧张的工作间隙，为自己安排一些娱乐活动，对放松紧张的大脑皮层、消除疲惫、提升工作效率大有好处。

总之，莫法特休息法的要义在于，经常令生活与工作充满新鲜感。每隔一段时间，改变一下工作环境与工作方式，使不同的新鲜信息刺激大脑，从而避免大脑某一区域长时间兴奋而导致过于疲劳，导致大脑认知、分析与处理问题变得迟钝，以达到提升效率的目的。

（3）最好的休息，可以让你重燃起生活的热情

我们的疲惫主要来自于对现有生活一成不变的厌倦，所以，最好的休息项目就是那些可以让我们重新找到面对生活和工作的热情的活动。若你干完一件事情，可以幸福地感叹说："今天真是痛快淋漓！"那么，这件事情就是你的兴奋剂。

以下活动清单的基本思路是以"做"来解决"累"，其目的是用积极的休息取代消极的放纵，它在沃顿商学院极为流行。

①腾出两小时去看一部能让你开怀大笑的电影，代替去泡酒吧；

②试着放弃周六晚上的熬夜社交，10点入睡，然后在7点起床，去看看早间新闻，或是去没有人的街上走走，你会发现，这一天都与以往的周末不同；

③不要去已经去过无数次的游乐场所找乐子了，找一条你从来没有走过的街道，将它走完，因此而带来的新鲜感会让你感觉到快乐；

④去一个完全陌生的地方旅行，而不是换个地方消遣，对自己的旅行心存美意，并感受自己经验范围以外的人生；

⑤从这个周日开始，学习一项新技艺，比如吹口琴、打电子鼓……且每周坚持练习1小时以上；

⑥去社交，虽然它有可能令你紧张，但也会让你更兴奋、更有认同感；每周抽出两三天的时间，与工作圈子、亲戚以外的人去社交，它会让你保持活泼的天性；

⑦如果你是一个精神超级紧张的人，不妨做些困难的事情，比如尝试着自己手工制作一种东西，或者做一道超级复杂的数学题。

当然，最适合你的办法还需要你自己去探索，事实上，若你感觉打扫卫生要比坐过山车更能让你放松，那就去吧！别管世界上的其他人在玩什么。

花些时间去让自己彻底地休息，可以令你获得更充沛的体力与精力，令你获得从事任何工作、应对各类问题的力量，使你对生命拥有一个更愉快、更正确的认识——如此看来，天下再也没有别种时间投资能比有效而正确的休息对你更有利的了。

第六章

先做哪一样？想好收益比再投入

　　近年来，沃顿商学院一直致力于这样的研究：未来的每一类企业——不管是传统制造业，还是新兴信息服务业，都需要基于"时间成本"的角度，来对企业的各项费用成本构成进行重新分析，并从隐性的时间成本中获得成本减少所造成的收益。将这一理论延伸至时间管理领域中后，人们发现，在对比时间成本、投入精力以后，明确了收益比，再决定做事的先后顺序，往往能够产生更多更大的收益比。

1. 时间抽屉的四层标准

以下是源自于沃顿商学院的一个简单的时间管理测试。

你可以对照下面的行事次序，看看自己平日里喜欢用哪种方式：

- 先做喜欢的事，再做不喜欢的事；
- 先做熟悉的事，再做不熟悉的事；
- 先做容易的事，再做难做的事；
- 先做只需要花费少量时间便能够做好的事，再做需要花费大量时间才能够做好的事；
- 先处理资料齐全的事，再处理资料不全的事；
- 先做已排定时间的事，再做未经排定时间的事；
- 先做经过筹划的事，再做未经筹划的事；
- 先做别人的事，再做自己的事；
- 先做紧迫的事，再做不紧迫的事；
- 先做有趣的事，再做枯燥的事；
- 先做易于完成的整件事或易于告一段落的事，再做难以完成的整件事或难以告一段落的事；
- 先做自己所尊敬的人或与自己关系密切的利害关系的人所拜托的事，再做其他人所拜托的事；
- 先做已发生的事，再做未发生的事。

从一定程度上来说，以上多条行事准则皆不符合有效的时间管理要求。沃顿商学院要求，时间管理过程中应以目标的实现为导向，想要贯彻这一要求，就必须要在行事以前思考：在一系列以实现目标为依据的待办事项中，到底哪些应该先着手处理，哪些可以延后处理甚至不予处理？

一般情况下，人们会认为，按照事情的紧急程度来判断是正确的做法：越是紧迫的事情，其重要性越高；越是不紧迫的事情，其重要程度越低。可是，在更多的情况下，越是重要的事情，其紧迫程度越不高，比如，在职业发展过程中参加管理技能培训、向上司提出改进营运方式的建议、培养企业的接班人等。

（1）不改变办事习惯，便有可能使重要的事情被延误

很显然，若按事情的"缓急程度"来做事，不但会令重要事情的履行遥遥无期，而且还会经常令自己处于危机或者紧急状态下，而这样做最大的恶果便是，原本重要不紧急的事情，必然会在时间压力的不断增大之下，转变为重要且紧急的事情。

最好的例子就是，所有的主管都承认，业务报告是一件非常重要的事情，但是，如果现在距离上交业务报告还有一个月时间的话，则一般人并不会将其视为"今日应该做的事"，更不会将其视为"今日必须要做的事"——既然今天可以不做这件事情，那么它便可以被不断地拖延下去。直到业务报告真正的截止日期即将到来时，他们才如临大敌一般地处理已转变为"紧急事件"的业务报告，结果，不是迟交了报告，便是草率地应付了事。

经过类似的挣扎以后，他们很可能会信誓旦旦地下定决心：下一次，一定要提前将业务报告准备好！但事实上，除非可以彻底地改变按"缓急程度"办事的习惯，否则，到了下一次，依然极有可能会重蹈覆辙。

（2）明确时间抽屉的四层标准，了解四象限内容

在沃顿人看来，所谓"重要的事"是指那些真正对我们实现人生目标，让人生更有意义、更丰富的事，但这些事情多半不是那么带有急迫性的，原因在于，这些事情没有必须让我们主动去发掘的急迫性。

以基本的时间管理的方式来探讨急事与要事关系的话，我们可以将日常活动分为四层标准，而这四层标准也可以被称为是时间管理的"四个象限"。

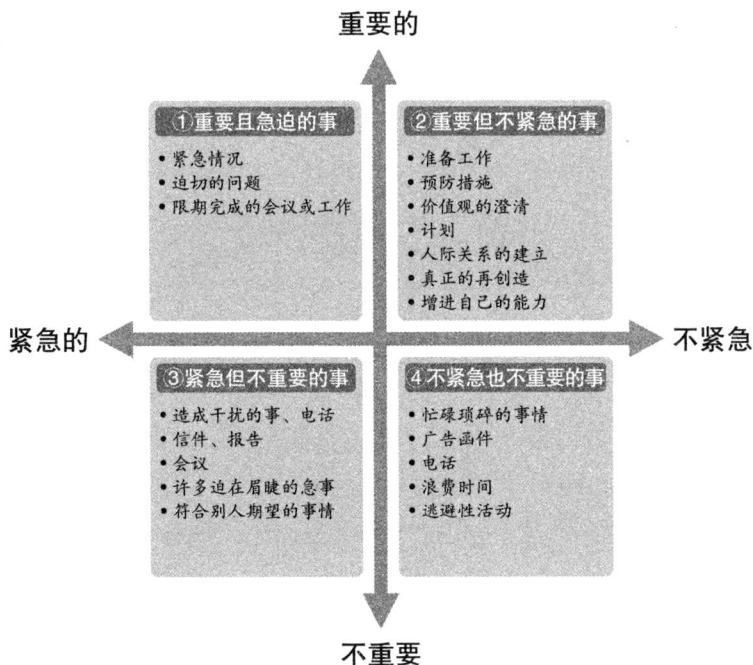

重要的

①重要且急迫的事	②重要但不紧急的事
• 紧急情况 • 迫切的问题 • 限期完成的会议或工作	• 准备工作 • 预防措施 • 价值观的澄清 • 计划 • 人际关系的建立 • 真正的再创造 • 增进自己的能力

紧急的 ← → **不紧急**

③紧急但不重要的事	④不紧急也不重要的事
• 造成干扰的事、电话 • 信件、报告 • 会议 • 许多迫在眉睫的急事 • 符合别人期望的事情	• 忙碌琐碎的事情 • 广告函件 • 电话 • 浪费时间 • 逃避性活动

不重要

①第一象限：重要且急迫的事

此象限多为诸如应付难缠的客户、准时完成工作、住院开刀等；这是考验个人经验、判断力的时刻，也是能够用心耕耘的重要事项。一旦此象限的事情荒废了，我们便极有可能变成行尸走肉。不过，我们必须要注意，很多重要的事情都是因为一拖再拖或者事前准备不足，而变得迫在眉睫。

②第二象限：重要但不紧急的事

此象限多与生活品质相关，包括长期规划、参加培训、问题的预防与发掘、向上级提出处理问题的具体建议等。

荒废这一领域，将会令第一象限日渐扩大，令我们陷入更大的压力之中，在危机里疲于应对。反之，多投入一些时间在这一领域，将会对提升个人实践能力、缩小第一象限的范围大有帮助。做好事前的规划、准备与预防措施，那么，很多急事便不会产生。

值得个人注意的是，这一领域中的事情不会对我们造成催促性的力量，所以必须要主动地去做——这是发挥个人领导力的重要领域。

③第三象限：紧急但不重要的事

第三象限的事情从表面上看与第一象限类似，因为迫切的呼声会令我们产生"这件事情很重要"的错觉，但事实上，此事即使重要，也是对他人而言的，突然召开的会议、突然打来的电话、突然来访的客人皆属于此类——我们在这一时间抽屉里面花费大量的时间，并自以为是在第一象限的抽屉之中，实际上不过是在满足他人的期望与标准。

④第四象限：不紧急也不重要的事

表面上看，此抽屉里装载的事情多是浪费生命的事情，所以，根本不值得我们花费半点时间在这一象限里。但是我们往往在第一、第三象限之间来回奔走，忙到焦头烂额时，便不得不到第四象限中去疗养一番再出发。

第四象限的时间抽屉之中并不一定全部都是休闲活动，因为真正拥有创造意义的休闲活动是很有价值的，然而，像阅读无聊的小说、观看无意义的电视节目、进行无意义的办公室聊天等，这样的休息不但对积蓄更多精力无益，反而会对身心造成毁损。刚开始时，你或许会感觉有滋有味，但到后来你便会发现，这些其实是非常空虚的事情。

现在，不妨回顾一下自己上周的工作与生活，回答这样的问题：你在哪一象限中花费的时间最多？

值得警惕的是，在划分第一与第三象限时要格外小心，急迫的事情很容易被误认为是重要的事情。其实，二者的区别就在于，这件事情是否对完成某种重要的目标有帮助。若答案是否定的，便应当归入第三象限之中。

2. 事情的重要程度，是决定处理与否的前提

在现实生活中，我们显然同时受到"重要性"与"紧急性"两项因素的左

右，实际上，在做任何事情、做出任何决定以前，我们都必然会以其中一项为主要考虑因素。若你是以急迫性为考虑重点，那么问题便会产生。

若我们以"重要性"为观念的基础，生活便会落入第一、第二象限之中，远离第三、第四象限。更重要的是，若我们能够在事前准备、预防、规划与增进自我能力方面投注更多时间的话，便可减少许多耗费于第一象限的时间。不仅如此，我们还可以使第一象限的性质得到改变：我们不再因为拖延而陷入第一象限之中，而是因为某件事情非常重要，而主动地将其变成急迫的事情。

沃顿 MBA 教授彼得·卡普利在某段时间里曾经因为家庭与工作而忙得不可开交，但所幸他依靠过人的精力与出色的个人管理技巧而得以应付。但是，刚巧他的一位朋友在感情上出现了问题，对方打电话过来求助的那天，卡普利教授已经计划好要参加三个重要的学术会议、要去修车、要陪太太购物，还要参加一个重要的聚会。

朋友打电话过来时，卡普利教授立即听出对方的情绪非常不佳，于是，他毅然决定将所有的事情都推开，并开了一个半小时的车到对方的家中。卡普利教授非常清楚，这样一来，自己一定会在第一象限中挣扎很久，但在他看来，当下去看失恋的朋友是一件非常非常重要的事情，而这完全是出于他主动的选择，而且是心甘情愿的。

卡普利教授在举办时间管理座谈会时，往往会要求与会者以"要事"与"急事"两种观概念为基础，说出他们所联想到的具体感受。谈到"急事"时，多数人最常联想到的是压力、精疲力竭、不满足等；但谈及"要事"时，人们想象到的则是自信、充实、有意义、平静等。卡普利教授认为，个人所联想到的是什么，往往直接决定了个人生活状态为何会变成今日的样子，从而对个人时间管理拥有更深入的了解。

（1）明确"第二象限组织"法的必要性

虽然有诸多的理由，我们也不应全面地否定按事情的"缓急程度"来办事的习惯，只是，在考虑行事的先后顺序时，我们应首先将事情的"轻重"放在前面，然后再考虑事情的"缓急"——这便是沃顿人习惯使用的"第二象限组织法"。

第二象限组织法的优势在于，事情的"重要程度"是处理事情时优先次序的判断依据，而所谓的"重要程度"即事项本身对于实现目标所做出的贡献的大小。

现在，不妨回想一下自己过去一星期的生活，并回答：你在哪一象限中所花费的时间最多？

你很可能会将某项活动归入第一或第三象限，此时你要格外小心：急迫的事情往往会被误认为是重要的事情。其实，两者并不难区别，你只需要问问自己："完成这件事情是否对我某个重要的目标有帮助？"如果你得出的答案是否定的，它便应被归入第三象限之中。

多数人花在第一、第三象限的时间最多，但这样的人也往往会因此而付出相当大的代价：当我们为急事而忙得团团转时，往往会忽略了那些真正的要事，甚至是那些最重要的事情。

（2）持续去做第二象限内的事情，生活才能得到改善

卡普利教授曾经提出这样一个时间管理方面的问题："你是否知道，自己在哪一方面有持续性的优异表现，对个人工作或生活会产生积极的意义？"他曾经在沃顿商学院授课过程中以同样的问题问过数千人，并发现，绝大多数的答案可以被归为以下七类：

①改善人际关系；

②改进事先准备工作；

③更周详地规划与组织；

④善待自我；

⑤把握新的机会；

⑥充实自我；

⑦增进个人能力。

这些都属于第二象限的事情，因此，它们都是重要的事情。不过，值得思考的是，很多人并不能对自己的答案身体力行。未能身体力行的原因，很可能是因为这些并非正事，没有迫在眉睫到让你非做不可的地步，事实上，这些事情你必须要主动去做，它们才会持续地起到改善个人生活、为你带来长久收益的目的。

（3）明确各个象限之间的差异性

值得一提的是，在真实的生活中，事情往往是呈现出层次性的，我们多半很难将所有的事情都清清楚楚地划分成四个象限。其实，四个象限之间往往是一种连续的状态，不同象限之间有些部分甚至会相互重叠。也就是说，在各个象限之间所存在的差异是渐进式的。

基于这种差异的渐进式，我们也需要明确一些时间管理象限中的具体问题。

①落入第一象限并非是一件不好的事情

时时面临需要处理"重要且紧急"的事情，并非是一件不好的事情，事实上，很多人花费相当多的时间来处理这一象限内的事情。问题的关键在于，你为什么会让自己持续地落入这一象限之中，到底是急迫感造成的，还是基于重要性的考虑？若是前者，那么，一旦重要性渐渐消失，你便会滑入第三象限之中；若是后者，一旦急迫感消失，你便会移至第二象限之中。

我们应始终牢记：第一、第二象限都是非常重要的，只是它们的时间因素有所改变；只有当个人沦入第三、第四象限之中时，才意味着时间管理出现了问题。

②从第三象限腾出时间去做第二象限的事情

很多人不知道怎样去处理那些"重要但不紧急"的事情，最理想的办法是，从第三象限中腾出时间——将你去参加聚会、去接无意义电话的时间节省出来，去做那些第二象限的事情。

第一象限的事情既急迫又重要，当然不得不去做，而第四象限的事情根本不应该去做，只有第三象限的事情会欺骗到我们，使我们误认为它们既足够重要、又足够急迫，因此，我们必须要明确"重要性为首要原则"的观点，并据此来对待一切活动。如此一来，方可找到那些在急性迫的欺骗之下失落的时间，将它们重新运用于第二象限。

③哪怕身处第一象限环境，也需重视第二象限

有些人的职业几乎完全属于第一象限，比如，医护人员、警察、记者或者编辑等，他们永远在应付急迫又重要的状况。如果你是这些人群中的一员，那么你应该尝试着多多把握第二象限的时间，因为唯有如此，你才会更有能力去应付第一象限的事情。而这也是我们应该时刻投资第二象限的必要性——投资在第二象限内的时间，永远都会增强我们自身的行动能力，从而增加我们的个人时间收益。

由此我们也可以看出，时间管理象限最大的功能在于，它使我们了解时间的安排是如何受到了"重要性"与"急迫性"的左右，使我们清楚自己为什么要将大部分的时间都花在某些地方上。而通过对第二象限重要性的重申，我们也可以明白这样的道理："急迫性"与"重要性"是时间管理过程中对立的两面，它们互为消长。

3. 立足自我，发挥第二象限组织法的力量

当你开始为自己的生活进行下一步的安排时，第一步应该探讨你整个生命中最重要的是什么？你的人生意义何在？其中包含的，不仅仅是你对生活的期望，同时也透露出了这期望背后的原则。你对上述问题一定要有清晰的认识，因为你的目标、你每一次的时间安排都会使你的人生受到影响。

斯蒂芬教授曾经给初入沃顿的学子们上课时指出这样一个现实的问题："眼下，你需要为自己通过 MBA 考试积攒复习的时间，但你的好朋友今天晚上要召开一个非常隆重的聚会，而且，他明确地向你表示，他期望你可以参加这次聚会。如果是你，你会怎么选择？"

面对大部分新学子们选择的"参加聚会"，他问了几个人理由。学子们给出的理由大致相似："重要的朋友有聚会，当然要去支持！""考试复习没办法一挥而就，耽误一晚上并不会有太大的影响吧？"

斯蒂芬教授在随后郑重地告诫道："我们中的很大一部分人，会将自己最宝贵的资源——时间当成礼物去讨好他人，但事实上，若你将这礼物留给自己，你会发现，它给你带来了更多的收益。"

斯蒂芬教授一直认为，在时间抽屉的四层标准中，很多人会错误地将重点放在第三象限之中，但事实上，若第一象限的事情处理完毕了，第二象限才是我们应该去重视的重点。

☐ 个人时间管理方法（象限法）

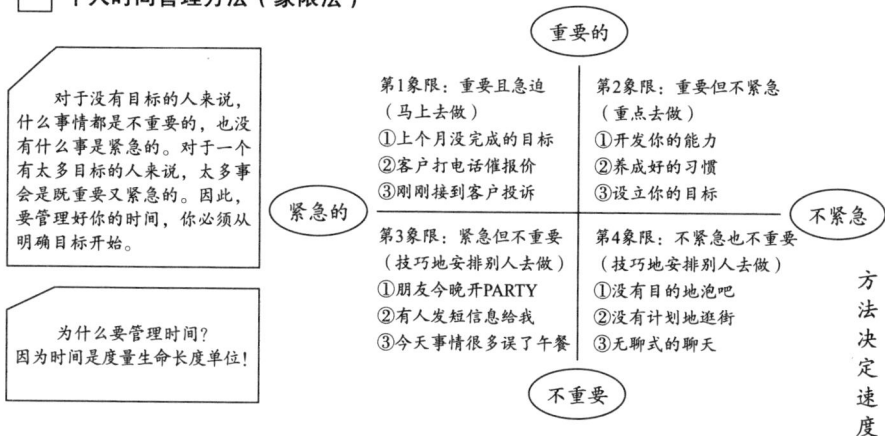

对于没有目标的人来说，什么事情都是不重要的，也没有什么事是紧急的。对于一个有太多目标的人来说，太多事会是既重要又紧急的。因此，要管理好你的时间，你必须从明确目标开始。

为什么要管理时间？因为时间是度量生命长度单位！

重要的

紧急的 —— 不紧急

第1象限：重要且急迫
（马上去做）
①上个月没完成的目标
②客户打电话催报价
③刚刚接到客户投诉

第2象限：重要但不紧急
（重点去做）
①开发你的能力
②养成好的习惯
③设立你的目标

第3象限：紧急但不重要
（技巧地安排别人去做）
①朋友今晚开PARTY
②有人发短信息给我
③今天事情很多误了午餐

第4象限：不紧急也不重要
（技巧地安排别人去做）
①没有目的地泡吧
②没有计划地逛街
③无聊式的聊天

不重要

方法决定速度

如果你能做好第二象限的事，你就不需要常常救火似的忙第一象限的事。你80%的时间都应用在第一、第二象限的事，杜绝第四象限的事，控制第三象限的事。

不过，很多人并不知道到底什么才是第二象限"重要但不紧急"的事情，此时，我们便需要借助于个人信念来明确这一点。

（1）明确信念，方可实现第二象限组织法

斯蒂芬教授指出，信念是一切的基础，更是确立第二象限的首要步骤。"若一件事情对你的人生毫无帮助，那么你何必去安排？你必须要对自己的信念拥有深切的了解，才能建立起以重要性为依靠的观念与架构。"比如说，个人信念中包括了个人成长、个人存在意义、家庭亲密关系、个人提升……那么，每一次回想这些信念，人生中"最重要的事"便会拥有更明确的定义。

斯蒂芬教授建议，如果你现在还没有明确的个人信念，不妨通过下面的方法获知到底什么事情对你最重要：

①列出你认为"最重要的"三四件事。

_____

_____

_____

②你的长期目标是什么？

_____

_____

③你人生中最重要的人际关系是什么？

_____

_____

④你最希望有什么样的贡献？

_____

_____

⑤你最希望获得的感受是什么，是平和、信心、快乐，还是有所贡献？

_____

_____

⑥假若你仅剩下六个月的生命，那么，这个星期你要做什么？

_____

_____

好好地思考一下上面的问题，你便能够了解个人信念在时间管理过程中的重要性。

（2）认清你的角色

生活其实就是各种角色的组合，而沃顿人认为，认知自我角色，并依据相应的责任、人际关系来安排时间，会使时间管理变得更容易起来。

人生中很多痛苦都是源于角色的分配不均衡：你很可能是一位成功的职场人士，但却不是一位好丈夫、好爸爸；你可能善于满足客户的需求，却常常无法满足个人成长与发展需求。若你对各个角色之间的关系拥有更清晰的认识，生活便自然可以维持平衡与秩序。

为了离这种平衡更近，你可以用最自然的方式，列出自己所担任的各类角色。在列出角色以前，你应明白，角色的定义并非一成不变，它会随着个人年龄而有所不同。比如，你可能在家庭中既是"儿子"又是"父亲"；工作上的角色也往往是多重的，比如，你可能是人事主管，同时又是职员自我管理委员会会长。

一个部门主管可能会有如下角色：

角色1：丈夫——父亲；

角色2：经理——开发新产品与管理理论研究；

角色3：员工培训责任人；

角色4：行政负责人；

角色5：社团主持人。

根据研究证实，人脑一次最多能处理七类事情，超过七类效率便会变差。因此，你在定义个人角色时，最好将类似的合并在一起，比如，行政与财务、人事与团队精神的建立等，以有助于使个人注意力集中于同一范围内。

现在，将你所扮演的各类角色写下来：

_____

_____

_____

_____

_____

并接着思索：

①我是否常感觉被一、二种角色所吞噬，因而无法花更多时间与精力来经营其他角色？

②在我花费最多时间与精力去经营的角色中，是否已包括了所有"最重要的事情"？

③我所列出的这些角色，是否对实现我的个人信念有积极的帮助？

④若我每周就这些角色检讨一次，以促进一周活动的均衡，是否有助于追求圆满的人生？

角色的定义可以让你对自己的人生有一个整体的观念，你会了解到，生命中不仅仅只有工作、家庭或者某种情感，而是全部的综合。此外，角色的定义也能够显示出你有可能忽略的"重要但不紧急"的具体范围。

（3）找出每个角色中的第二象限目标

现在，你已经明白了自己所扮演的不同角色，接下来，请思索这一问题：

这一周内，当我扮演每一种角色时，有哪件事能产生最大的效果？

在对这一问题进行思考的时候，你应该同时听从感性与理性的声音：

什么事情对你所扮演的角色有重大的影响，比如说，什么事情会影响你作为朋友、父亲、儿子、员工的角色？仔细倾听自己的心声，答案的关键在于重要性，而非急迫性。

比如说，你的某个角色与你的个人发展有关，你的目标很可能包括了个人反省时间、确定信息、收集个人能力培训相关信息等；假如你的角色是为人父母，那么，你的目标很可能是安排时间与孩子进行单独相处；至于工作上的目标，则包括进行长期规划、拜访客户、训练部属、增进与老板的共识等。

你可能会发现，在每一个角色中都有几个目标要完成，不过，你最好从这些目标中甄选出一两个对自己而言最重要的目标——这可以帮助你进一步明确自我行为的重要性。

在确定最重要的目标时，你应该思索以下问题，以帮助自己进一步确定目标：

①若我在下星期完成这些目标，会有怎样的结果？

②若我只完成部分目标，结果会怎样？

③这些目标会对我的人生产生积极的影响吗？

④若我持续每周都这样做，会产生怎样的结果？

⑤实现这些目标会令我以后比现在过得更好吗？

（4）建立起一周事项的决策依据

想要有效地实现第二象限的积极目标，就必须要拥有一套自己的决策依据。大多数人的生活会因为第一、第三象限的事情而忙碌不堪，却又不断地想要挤出一点时间来完成真正"最重要的事"，因此，我们必须要先确定轻重缓急，再来进行时间的安排。

如果你的观念是"做得越多越好"，那么，你的时间管理肯定会陷入一团糟糕之中，唯有先将那些最重要的事情放进去，才是最重要的。为了达成这一目标，你可以为自己列出一个一周计划表，并将自己的第二象限目标填进去。你应该在一天中设定一个时间段来实现第二象限的目标，或者直接将它列为当日最重要的事项。

具体的计划往往是最有效的，比如，若你认为自己一周中最重要的目标是进行长期规划、运动、准备一项大型提案，此时，你便应该针对这些目标与自己约定的时间来进行。

有些目标则不适合放在一天中的某个具体时间——将其列为"重要事项"往往会产生更好的效果。比如，若你的目标是与女儿改善关系，那么，你应该知道，改善关系的适当时机往往很难预测，因此，与其列出一个特定的时间，不如只是将女儿的名字写在"重要事项"下面，然后，静候时机的到来。周一时你写下了这个目标，但时机一直未到，你便可以画个箭头，将其拉到周二，若依然没有适当的机会，再延伸到周三——如此一来，这一重要事项会一直在你的脑海中，同时，你也可以观测你们之间的关系在这周是否出现了变化。

需要注意的是，学习第二象限的时间安排，并不是为了设计一套严密而无缺点的行事历，而是要建立起一种基本的态度，让你对每时每刻的利用都可以以事情的重要性为原则。一旦你开始将时间投资在第二象限，在其他象限中所花费的时间便会大大减少。当你将更多的心力投注于计划、准备、建立人际关系、锻炼身体上，你便不再忙于收拾第一象限的烂摊子，或是为了第三象限中的紧急需求而忙得不可开交，而是会尽可能地将时间多花在第一、二象限上，并将重心慢慢地移向第二象限。

4. 力行减法提案，让时间产生更多效益

还有×××没做、还有×××没买……在这个忙碌的时代里，我们已经习惯做加法的生活，在永远只看到不足与空白的情况下，我们想尽办法拥有一切、填满自己的所有时间，仿佛只有这样，才能证明自己是一个"有用的人"。但持续这样的生活状态，最终的结果往往是事情没有做好，自己已经精疲力竭。

卡朋教授对于沃顿新生展开的一项观念更新教育在于，他力图使这些新生明白：不管你再怎么努力，事情永远是做不完的。这是一个震撼性的事实：社会不像学校那么简单，上学有期中、期末考试，过了几个学期以后会毕业，而上班则是一件永无止境的事情，做完一件事情，还有下一件已经算你走运，因为通常的情况是，你在做完一件事情以后，还会衍生出另外三件事情。而一旦工作开始，你的责任范围就是扩大再扩大。

在面对永无止境的忙碌之余，提升工作效率、提高生活质量往往会成为一句空话。心理学告诉我们，人类的内在动机有三种：

①为自己的生命负责、引导到自己希望的方向的"自主性"；

②不希望人生只是无尽操劳，而是用越来越高深的技能克服困难的"精湛纯熟"；

③除了获取自身利益以外，还可拥有更有社会意义的"与外界联结"。

而卡朋教授指出，想要让这样的内在动机真正地变成现实，使个人的人生

更有动力与成就感，我们需要的不是更多的工作，而是设法让自己以"做更少的事来达成更少更精确的目标"，唯有如此，才能将自我宝贵的时间与精力，花在真正重要的事情上。

卡朋教授从另一个侧面指出了"少即是多"的必要性。我们的确应该利用减法安排自己的工作与生活，在抛开不必要的负担的同时，实现时间的收益最大化。

（1）工作，减少时间浪费，让效率加倍

职场人很容易体会到这样的现实：工作永远只会多、不会少，也永远不会有做完的时间。因此，卡朋教授认为，我们对于"效率"的定义应进行更改："效率应是'减少未完成的工作项目'，从而将时间花费在真正重要的工作上，而不是苛求自己'完成所有的工作'。"

为了达成这一目标，我们至少可以采用三大方法：

①简化个人工作行程表

将自己的行程表填得满满的，往往会导致越管理越没有效率的下场。到底要怎样做，我们才能获得更高效的工作行程表？卡朋教授认为，以下三步骤可以让我们轻松达到目的。

第一步，将第二天的既定行程写在行事历上，比如，那些早已经安排好的会面、会议以及吃饭的时间等，然后，将自己还有多少剩余时间计算出来。

第二步，将明日预计要做的工作项目列出来，并按以往经验初步估算，每一项工作需要花费的时间是多少。在进行这一步时，需要注意的是，我们往往会高估自己的能力、低估工作的难度，因此，卡朋教授建议，在估算以后再将时间加倍，才是完成此项工作需要的时间。"进行时间规划时，规划得宽松一些，才有弹性调整的空间。"

第三步，将工作项目填入空白的时间里，能填多少便是多少，而这些填入的内容就是你明日可能会完成的工作清单——至于其余未填入的？不要再想了，因为你不可能有时间完成它们了。

②花一点时间，对工作目标进行仔细确认

乍听之下，这一点似乎与"减少时间浪费"的原则背道而驰，但事实上，并非每一件事情都应该从省时的角度去看。若未曾事先花费时间去确认清楚目标，在真正执行的过程中，便有可能需要花费更多的力气去调整，这反而会造成时间的浪费。

不过，目标的意义并不仅仅在于最后期限或是要达成的业绩等数字设定，多数人在确认目标时，都会忘记一个重要的关键：你的上司要的是什么？

或许你在数字上已经达到了上司的要求，比如，今年的业绩的确增长了20%，但是，你的业绩中没有任何一笔生意是来自于新客户的，这就意味着，你并没有做到上司希望的"开拓新客户"的目的。

事先进行清楚的沟通，可以省去日后不必要的麻烦，而不是在做事做到一半时，上司认为你的所作所为不符合他的期望，从而导致一切需要从头来过。

③随身携带笔记本

人的脑力是有限的，基于这一事实，我们不可太相信自己的脑袋，而让自己的工作变得更有效率的最可靠办法就是"写下来"。

事实上，许多成功的企业家都有写笔记的习惯，比如，维京集团的创始人理查德·布兰森在视察集团内部时，便会随手将他认为必须改善的地方写在自己的笔记本上，迄今为止已经积累了多达122本笔记本。

其实，除了记下工作中可改善的地方以外，笔记本还可被运用于以下方面：

- 记录新创意：创意往往是在你需要时它不出现、你最不需要时却不请自来。因此，最好养成随手写笔记的习惯，在看到什么、听到什么、想到什么时，便立即写下来，有需要的时候，直接拿起笔记本翻阅，刺激自己的灵感。
- 做好客户管理：毕业于沃顿商学院、日本最大旅游集团JTB的社长大家雅树的笔记本，便结合了行事历与客户管理的双重功能。每日，大冢先生都会将拜访客户的行程写在笔记本上，每一位客户预留出一定的空间，以方便记录其他重要的信息。比如，除了约定的时间以外，大冢先生还会同时写上客户的联络方式、客户要求的事项、他自己对这位客户的想法，等等，以提醒自己注意。

- 解决工作难题：当你在工作中遭遇难以解决的问题时，立即拿起纸笔，将你的困扰写下来。沃顿人在解决管理问题的过程中所使用的"5 回思考法"，可以说是典型的纸上思考活动。

问题：为什么这项合作未完成？

原因：客户解约。

问题：为什么客户会解约？

原因：转向竞争对手。

……

连续问自己 5 次为什么，并将问题背后的根本原因找出来，同时，写下自己的想法，有助于将混乱的思绪厘清。而且，将此类想法写在固定的笔记本上，日后在遇到类似的状况时，也能够作为参考，减少摸索的时间。

（2）减少选择，节省大量时间

在建立起自己的时间管理系统以后，你可以利用一些方法来减少生活中的选择，在减少选择的同时，节省的时间会慢慢地积少成多。

①从你的身边或者网络上认识的人中寻找内行

我们应掌握好一个恰当的度，不在非必要的事情上浪费太多的时间。在有问题的时候，直接打电话给内行，绝对要比自己分析更节省时间，比如像去哪里玩、去哪里购物、如何处理专业问题等。

②提前做出决策，简化自己的选择

比如，花些时间分析一下自己常用的东西，并将其简化到 1、2 个选择，在质量与价钱上寻找到一个平衡。有条件的话，尽可能地选择一些大的品牌，需要的时候直接购买，一次多买一些。

③通过各种确认表来节省时间

如果你熟练使用的话，这种方法是节省时间最多的。你可以通过各种方法来积累确认表，卡朋教授的确认表便是以实用为主。仅拿去超市购买来说，他会先将要买的东西列成清单，在人少的时候，比如，早上超市刚开业或者晚上闭店时，直接选择好物品，完成后立即去结账。

更有趣的事情是，他的妻子之前总是嫌他打扫卫生不够干净，后来，卡朋教授直接按妻子的意见与标准制定了一个确认表，完成以后再确认一次——这使他避免了很多麻烦。

其实，所有时间管理都是在做减法，将必须要做的、能够让他人做的去除掉，剩余的必须由自己来进行。在这样的原则之下，时间才能够产生更多的效率。

5. 做好优先分配，避免对事一视同仁

我们的目标并不是让自己做事忙到不可开交的地步，我们应该去寻找最适合、最值得的人与事，去投入你的时间。当你熟悉了有效的时间管理时，你会发现，若没有事先做好优先分配的话，你便什么事情也不会做。

丹尼尔·迪肯斯教授在自己的课堂上列举过一个极有代表性的情境：你所在的公司希望你每年都可以开发一定数量的新客户，这意味着，你需要去见一定数量的潜在客户。此时，你的手头上有一份 136 位潜在客户的名单。接下来，你的问题出现了：你要从哪里开始下手？你的第一个电话要打给谁？

这是一个要进行优先分配的重要时刻，你知道你不可能拜访所有人，所以你必须要按其重要程度来排出具体的先后顺序，选择将自己的精力放在一些重

要的潜在客户身上。正如前面我们谈到的分析工作一样，开始时，你可以先问自己一个问题："哪一个潜在客户最重要，必须先专注？"

当我们思考这一项目时，第一个问题就出现了："我是根据什么来做出决定的？"换句话说，你要根据潜在客户的规模大小排出先后顺序，还是以他们接近其他潜在客户的程度为标准？或许你可以先把精力放在那些较小且容易见到的潜在客户身上。

现在，你应该明白了做好优先分配、避免对事一视同仁的基本原则：为了排出具体的顺序，我们需要制定一个原则。

（1）依据事实，制定分配原则

迪肯斯教授建议，在制定原则时，你要考虑到自己所处的具体现实：若是以客户所在公司的规模大小为标准，你可能会得到一份清单；若是以距离现有客户的远近为具体标准，你很可能会得到一份完全不同的清单。

因此，想要更有效地排出先后顺序，关键在于选择最聪明和最符合实际的标准。这一标准的提出，可依据于你的项目清单提出一个问题，然后，简短地回答那个问题—— 一旦你回答了这一问题，实际上就等于这一项目清单做出了排序。

比如，若你以潜在客户的规模大小作为标准来排出先后顺序，你便可以询问并回答这一问题："每一家潜在客户的相对规模如何？"若你以距离现有客户的远近为标准，你可以询问并回答这一问题："哪一家潜在客户距离我们现有客户不到 3 公里远？"

其实，你也可以不必搞得这么复杂，迪肯斯教授提供了一个更简洁更有效的通用标准，你可以用它来给自己工作中几乎每一件事情都排出先后顺序，而这一标准就是："哪一项最能增进我的收入？"这一问题将会帮助你针对"先专注于什么"做出明智的决定。

"最能增进个人收入"意味着你能从中获得多少实际收益。那么，在清单上哪一个选择、哪一个决定或哪一个项目最可能转化为你的实际收入呢？接下去是哪一个呢？再接下去呢？如此一来，你便能一一确定。

（2）利用 ABC 系统法，对事项进行分级

在所有的规划中，不管是长期、中期还是短期，我们都必须要做两件事情：

①列出一张清单；

②确定清单上事项的优先次序。

很显然，"优先次序"决定了清单上的事项与条目绝不是平等的。一旦列出了一张清单，你便必须要根据自己的实际情况来确定工作的优先次序。在迪肯斯教授看来，未确定具体的次序以前，个人的清单是不完整且无效的。所以，他强调，不管个人清单具体包括了哪些内容，都一定要随即排定好工作的先后次序。

在具体工作次序的确立过程中，迪肯斯教授认为，在"最能增进个人收入"基础上，依据于"ABC 系统"是最有效的做法。

列出事件清单以后，在那些你最重视的条目、事项的左侧写上 A；在那些一般重要的条目左侧写上 B；在那些最不重要的条目左侧写上 C。在这一过程中，你只是在进行猜测——因为你并不确定自己眼下的判断是否正确。然后，将不同条目之间进行对比，并通过这种对比，将清单上所有的条目次序完全地标记出来。

A 级条目应该是那些最重要、最能增进个人收入的活动，所以，你应该将大部分的时间花费在 A 级活动上，然后才是 B 级与 C 级活动。考虑到个人每日的时间有限，而且不同条目之间的紧迫性也有所不同，因此，你可以对所有级别的条目进行进一步的细化，比如，你可以将 A 级活动按其重要程度，进一步分解为 A-1、A-2、A-3、A-4……

（3）明确：你才是事项价值的决定者

值得注意的是，ABC 系统法中的 ABC 分类只是相对的，它们完全取决于你的价值标准，你需要铭记，你才是那个最终做出决定的人。你可能会因为某件工作所带来的结果，而直接将这件工作列为 A 级的活动，但是，若在完成工作的过程中，你发现自己并不喜欢这项工作，那么，你很可能会将其改变为 B 级活动。

即使如此，你依然可能会对自己的判断产生怀疑，但即使有怀疑，你也需要明确：你是最好的决定者。如果你对事情的进展状况不满意的话，便需要做出一些改变，将精力放在那些你真正感觉重要的事情上面。

（4）优先次序并非一成不变的

你可以依据清单上的具体内容来对次序安排进行调整。A 级活动通常是那些明显比 B 级与 C 级活更加重要的活动。这就如艺术作品一样：在艺术作品中，那些引人瞩目的元素，比如说明快的色彩与过人的细节，往往可以在背景的衬托下，立即吸引观众的注意力。

另外，优先次序也会随着时间的变化而变化，今日的 A 级活动到了明天很可能会变成 C 级活动，而今日的 C 级活动到了明天也极有可能变成 A 级活动。你需要不断地调整自我次序安排，以便更有效地利用当下的时间。

根据你决定在某一项目上所投入的时间的不同，你的活动次序也有可能会发生变化。你或许会花费两个小时来写一份报告取悦自己的上司，虽然这对你来说仅仅是一项 C 级活动，但是，用 4 个小时来给他留下深刻印象（现在这项活动变成了 B 级活动）；而且，若你能够提出更多的问题，并投入 10 个小时来解决这些问题的话，你便可以为自己所在部门甚至公司做出更大的贡献（此时，它变成了一项 A 级活动）。

很显然，在那些价值不高的活动上投入过多的精力与时间是毫无意义的。另外，那些重要的、能够增进收入的活动，往往需要你付出更多的努力。这便是优先分配的重要性所在：它在避免对事一视同仁的基础上，实现了让你用最少的时间获得最大收益的目的。

6. 为最有价值的事情挤出时间

人生中总是会有很多重要的事情等着我们去做，比如你的家庭与朋友，或者另一个兴趣爱好，比如努力工作、健康成长……但是，为人生中最有价值的事情留出时间却并不容易，"时间不够用"是大多数人的常见感受。可是，深究这些"时间不够用"者的时间管理方式以后，我们发现，他们的时间根本没有用到最有价值的事情上。

沃顿人通过研究发现，一方面，每日刚刚到达办公室的最初几个小时往往是个人工作效率最高的时间。可是另一方面，很多人却会将这段时间用来处理一些毫不重要的工作，比如说回电话、处理昨天没有完成的工作，或者干脆与同事或者下属闲聊……事实上，将这些活动留到下午精神状态不佳时再处理，会产生更好的效果。

沃顿出身的克罗夫茨十分懂得高效利用个人时间：他常常会趁着吃午饭的时间到老板的办公室中请示工作，因为他知道，老板在午饭时间很少会出去，他们可以一边在办公室里吃汉堡、一边谈工作，而且，因为这时候很少会有其他人来找上司，所以他们的谈话也极少会被打断——依据这种工作方法，克罗夫茨在入职两年以后便被提升为这家上市公司的部门主管。

我们常常会观察到，那些刚刚学会利用时间管理的人们认为自己已经掌握了相应的技巧，因此一身蛮劲地将所有事情都列入自己的日程表中，而这种对所有时间、所有事情一视同仁、全身心投入的做法并未给他们带来足够大的成效。如果未看到良好的收益，自然接下来贯彻时间管理的行动力便会不足。

如何让时间能够用到最重要的有价值的事情上去？以下是沃顿流行的一些常见方法。

（1）为有价值的活动安排出足够的时间

在制定日程安排或者一周行事表时，一定要注意为自己那些最能够创造价值的活动安排出足够的时间，每一个星期都要为自己安排出固定的时间段（比如说周三与周四上午）来完成那些对个人收入、能力等挂钩的大型项目。即使当天有许多琐碎之事需要你去处理，你依然要尽量保证自己有足够的时间来处理这些高价值的事情。

想要找出更多的时间来处理此类活动，你也可以为自己每日列出一个固定的时间段，在这段时间里，坚决不要理会那些低价值的活动。这一时间段并不一定要很长时间，比如说，刚开始时，你可以为自己每天抽出 15 分钟的时间专门处理此类活动，待慢慢地适应了"要事第一"的时间安排以后，你便能够逐渐地延长高价值事件的时间段。

与此同时，你还可以横向来安排高价值事件的时间，比如，从周一到周五每天上午 9 点到 10 点的这段时间。或者，你也可以纵向安排高价值事件的时间，比如，你可以将时间安排在每个周四的下午 3 点到 5 点。

有些人认为管理时间最有效的方式是，将自己每个小时的活动都记录下来。但沃顿人并不认同这种做法，在他们看来，这种做法不仅会浪费很多时间，而且会给记录者带来巨大的负担与精神压力。更重要的是，根据他们的调查发现，越是什么事都记录下来的人，越容易中途放弃——毕竟，事事记录太过于麻烦。所以，不要为了记录而记录，而是要选择性地记录下自己的时间分配方式，从而最终使自我时间管理习惯得到改善。

（2）让自我时间管理方式形成新的习惯

正如许多人能够改变自己的饮食习惯一样，你也可以成功地改变自己的时间管理方式。若你感觉自己在工作上投入了过多的时间，却没有足够的时间与家人在一起的话，那么，你最好养成按时下班的习惯——即使其他人都在加班。你感觉自己在家务上花费了太多的时间，以至于没有时间去做更有创造性的事情，那么，沃顿人会告诉你，让家具上的灰尘多停留两天并不是什么大事。

很少有人喜欢记录自己的一举一动，但你却可以尝试着规划好自己的时间。因为通过详细地规划自我时间，你可以为自己找到更多的空闲。

你需要记住的是：只要你愿意，你总是可以找到时间来做那些对自己重要的事情。即便是这个世界上最忙碌的人，也可以为自己挤出时间——这并不是说他们比平常人拥有更多的时间，而是因为他们可以通过认真的规划，为自己"创造"出更多的时间。

沃顿人还会告诉你，每天在同样的时间里做同样的事情，能够让你变得更有效率，这是因为你不需要花费时间去做决定。习惯的力量是巨大的，实践证明，人们在做那些习惯性的事情——比如说打电话、读报纸、上课或者是订餐的时候，他们的效率总是非常高的。

（3）活用两类黄金时间

为了给最有价值的事情挤出时间，你还需要了解一下什么是黄金时间。沃顿人认为，每一个人都有两类黄金时间：

• 内部黄金时间

在这段时间内，个人精神状态最佳，工作最有效率。不过，不同人的内部黄金时间是不同的，有些人上午精神状态最好，有些人则会在下午或是晚上达到最佳精神状态。

内部黄金时间是一个人精神、精力最集中的时间段，而这一时间段通常为两小时。想想看，你在一天中哪两个小时思维最清晰？是上午10点到12点之间，还是下午3点到5点之间？

为了验证你的内部黄金时间是正确的，你最好在接下来的两周时间里进行一下自我观察，看看自己在这两个小时里是否精神最集中。一旦确定了自己内部黄金时间，你最好将这段时间用来处理自己最重要的工作。

• 外部黄金时间：指与其他人——比如同事、朋友或家人——打交道时的最佳时间

外部黄金时间则是外部资源或人最齐备、最能够帮助你做出决定、回答你的问题或者为你提供信息的时候。

在老板即将离开办公室前去度假时，抓紧时间向他请示——此时便是你的外部黄金时间。

找上司谈话的另一个黄金时间是对方刚刚到办公室时，因为此时他们很可能还在摘帽子、脱外套，还未沉浸到自己的工作中。

对推销人员而言，他们的外部黄金时间多是早上9点到下午5点之间，因为这段时间里，他们的客户大都在办公室中，他们会更容易直接联系到客户，所以，大多数有经验的推销人员都会将程序性的工作放在这一时间段以外。

很显然，通过利用这些方法，你能够打破原有的时间利用模式，重新建立起对时间利用的思考，从而为那些真正有价值的事情留出时间，进而实现利用时间改进自我人生的目的。

7. 用规划提升收益，让管理走入程序化

如果你感觉自己已经忙到了不可开交的地步，那么，在为自己找到了值得付出时间的第二象限活动以后，你会感觉更加忙碌，很可能你并不想放弃以前的诸多活动（如去逛街、参加聚会、正常工作等），但现在，你又为自己列出了更多的活动（提升自我能力的第二象限活动）。

想要解决这一问题，你需要暂时放下自己的远大目标，转而考虑如何安排自己的时间：今天你必须要做什么？

曾有一位秘书向蔡尔德博士抱怨称，自己从来没有时间去完成那些上司交代给自己、自己也特别喜欢的、有意思的任务。而蔡尔德博士通过她的陈述，使她意识到了问题的真正原因：每天这位秘书都会将全部的时间用来处理那些常规的任务——接电话、做记录、整理文件、回答问题、管理办公用品、带领客人参观办公室等。这些从上班第一天起老板便交代给她的任务也是她的常规工作，恰恰是这些常规工作，几乎占去了她所有的时间，结果使得她根本没有时间来完成那些对自我成长真正有利又有趣的工作。

这位秘书的情况与很多家庭主妇相同：她们常常会非常努力地做好自己的本分工作，结果却发现，虽然自己终日忙碌，却始终没有相应的成就感。

蔡尔德博士认为，这种"忙碌却无成就感"的窘境其实是因为个人未曾真正意识自己将时间花费在了哪里。如吃饭、睡觉、起床、开车、参加工作会议等常规任务，往日的遗留工作，以及我们谈到的各种意外情况，往往会占用你

的全部时间。对于大多数人而言，他们终日纠缠于这些事务之中，一辈子也不可能找到足够的时间来实践自我人生目标。

想要避免这情况，唯有对自我时间进行规划：越感觉自己没有时间，越应该仔细地规划自己的时间。蔡尔德博士认为，规划每日的工作本身对于提升时间管理效率而言，拥有极大的意义：它可以使我们清晰地明白一整日的工作重点，从而令自己的时间管理走入程序化。

（1）早晚时间进行规划列表

规划往往最适合在早上起床或者晚上睡觉以前进行，通常情况下，人们在早上会比较清醒，在这时进行规划，可以帮助你一整天都精神十足，因为当你对自我任务比较清晰的时候，往往能够很快地将所有的任务一件件地完成；更重要的是，一旦将所有任务的次序安排清楚了，你便不会被意外发生的事情打断。

在晚上进行规划也有其优势：此时，你会对当天遗留下来的任务比较清楚，因此，你也就可以更有选择性地安排第二天的工作，而且当你一天的工作安排停当以后，你便不会再浪费时间去考虑到底哪些事情该做、哪些事情不该做了。

此外，晚间规划还有另一个好处：你的潜意识会在夜间不断地工作，并为你次日的工作想出很多不错的方案，甚至为你所面临的问题找到更好的解决办法，这样，当你第二天开始工作时，你的精神状态便会达到最佳。

由于早上规划与晚上规划皆有各自的优势，所以，你既可以根据自己的时间安排选择时间段，同时也可以两个时间段都进行规划。

（2）以当天最重要的工作来开始你的工作日

如果你能够在一天中先开始做最重要的工作，那么，在这之后，你会感到更加轻松与容易，你会更加感觉良好，而且，当你转而处理其他的任务时，也会变得更有信心。

若你感觉以最重要的工作开始有困难，那么，你可以为自己设定一个在这项任务上花费 3 分钟的协议——工作往往都有这样的特点，只有开始以后才会有劲头继续干下去。当然，如果你发现自己在坚持了 3 分钟以后依然无法进入状态的话，那么，你可以让自己停下来。但事实上，更多的时候，你会越做越顺手，所以，开启"开始"这一动作，其实是这其中最难的一部分，试着将它变得简单，你的工作也会因此而简单起来。

（3）三步骤实现每日规划程序化

每日的时间规划不应该是一个简单的列表或者模糊的优先次序，那是无法保持一贯与认真的，我们的时间管理必须要变得像一种固定的、持续的程序，才能够达到不管发生什么干扰、它始终能使我们的精力集中在高优先事情上的目的。

蔡尔德博士认为，在 8 小时的工作日中，我们可以花费不多于 18 分钟的时间，遵循以下三步骤来达到一目的：

①开始工作以前花费 5 分钟，为一天设定一个计划

在打开电脑或者正式工作以前，坐下来，在一张空白的纸上写下什么可以让你这一天变得非常成功，你可以切实地完成什么，可以让你接近目标，并在每天结束以后感觉非常高效而成功？将它们写下来。

现在，将这些事情安排到你的日程时间段中，并遵循上面的原则：将最难与最重要的事项安排在一天最开始的时候。如果你的完整列表无法全部安排到你的日程中，那么，你就需要重新对优先顺序进行排列，这对你决定准备什么时候、什么地点来做这些事情非常有效。

事实上，若你想要完成某件事情，那么，你便应该明确自己准备去执行它的时间与地点，否则，便将它从你的列表中去除掉。

②每小时花费 1 分钟，展开重新聚焦

设置你的手表、电脑或电话每小时响铃一次，一旦闹铃响起，便深呼吸，看着自己的列表，并问自己："我的前一小时是否高效？"然后，看着自己的日历，认真地再次承诺，你将如何利用下一个小时。

像这样一小时接一小时地管理自己的一天，你将会看到管理时间的具体功效。

③一天工作结束以后，花费 5 分钟全面盘点

在关掉电脑、结束工作以后，检查你的一天：哪些行为奏效了？你在哪里

集中了精力？在哪里分心了？从中学习与总结到的经验将会帮助你的明天变得更加有效。

这种将时间管理固定成程序的力量在于它拥有极强的可预测性：你以同样的方式一次又一次地做同样的事情，因此，固定程序的结果也是可预测的。若你认真而明智地选择你最关注的事情，并且持续地提醒自己要集中精力的话，你便会一直聚焦。更重要的是，这种固定程序或许并不能帮助你立即实现大目标，但它却可以让你在离开办公室时感觉到高效与成功——这对你一天的规划与管理而言，显然是非常重要的。

因此，不管有多么忙碌，你都应该抽出时间进行规划——每天抽出一些时间来进行规划，并通过恰当的方法使规划与时间利用本身形成程序化，你将因此获得数倍的回报。

第七章

依据希望的结果，具体安排时间

　　沃顿商学院的商业管理教育将时间管理能力视作一项对企业管理者基本的要求，而管理者对时间管理能力的需求之所以如此重要，源于它具有目标导向性：唯有当一个管理者目标明确，可以依据自己希望的结果来进行时间上的统筹规划时，他才能实现真正意义上的高瞻远瞩与提前规划与筹谋。

1. 厘清自己，让无序变成有序

沃顿商学院的物理学家贝亚·亨特拉认为，在物理学领域中，熵被定义为"描述和表征体系混乱度的函数"，而它本身也代表了混沌度，是内部无序结构的总和，而序在物理学领域中则可以被理解为熵的反面，熵与序，正是一个从无序到有序的过程。序的生产正是汲取了时间和行为双重作用。

我们生活在一个熵增不可避免、有序趋于无序的世界中，最后的结局往往是只剩下乱糟糟，而我们唯一可以做的，就是减缓它的行进速度，而不作为只会加剧个人无序的演化。但另外，在对某一事件有所作为的基础上，所产生的后果依然与我们的愿望背道而驰，这是由于我们未搞清楚事情糟糕的症结所在而导致的。

刚参加工作的拉尔斯进公司的第一周，就陷进琐事繁务的泥沼里，他接受了其他部门的工作指派，常常忙到晚上七八点还不能下班，他分内工作没办法及时完成，为此已经遭到主管多次批评，懊恼不已的他决定在周五辞职。

主管听到他的辞职理由后，给他提了一个建议，那就是建立自己的工作秩序，凡是其他部门分派的任务先思考后再决定要不要接受的态度。新一周开始，拉尔斯已经可以果断地对额外加塞的工作说"不"了，"我很乐意帮你，不过我现在有一件非常重要的事情要做，等我有了时间我再找你"。

很显然，拉尔斯的工作因为临时指派的工作太多，使自己处于无序的状态里，通过加班加点将这些临时工作解决的后果只会给他带来越来越多的工作，真正要解决的是把被打乱的秩序重新建立起来。而这种解决办法也让他对自己有了正确的认知：他并不是一个勤杂工，也不是谁都可以发号施令的对象。新一周里他的工作再也没有出现丢三落四的现象，而且也不用再加班了。

这个世界唯一永恒的东西就是无序，无所作为只会令无序愈演愈烈，要想建立新秩序必须有所作为。家庭主妇每天拖地擦桌子才能够保持居室的清洁与卫生，电脑在使用一段时间以后必须要及时清理垃圾文件才能够重新高速运转，新鲜的肉类必须要放在冰箱的冷冻室中才不会变质……在这个无序的世界中，我们就如同希腊神话中的永远在推石头的西西弗斯一样，唯有不断地重复某些动作，才能够避免无序的增加。

我们知道，在拥堵的售卖窗前，顺序排队才能够以最快的速度购买到东西，而在一个无序的世界中，建立秩序才是减少混乱、使个人行为变得高效的最好办法。如何让自我行为建立起秩序？这就需要我们从厘清自己开始。

（1）厘清自我，做心智成熟的人

清楚自己是谁、自己真正渴望的是什么，并采取行动去实现，为此付出的时间才会变得有意义。个人心智成熟的一个重要标志是正确地认识自己，可以厘清当下的自己，明确自己所追求的是什么，并且非常清楚地知道，自己到底要做些什么才能够实现目标。

心智成熟与年龄毫无关系，一个总是忽视问题、浪费时间、屈服于困难的人，即使活到六十岁，其心智依然是不成熟的。

无法正确认识自己的人有三种，他们多是心智不成熟的人。

①"你行他行我不行"

此类人能够看到他人的长处，却总是看不到自己的长处，他们很自卑，知道自己想要的是什么，却没有勇气去追求。

②"你不行他不行我行"

这类人极度自负，做起事情来总是刚愎自用，很可能长时间使用同一种方法处理事情——哪怕这一方法并不正确。说白了，这种人就是他没有错的时候，如果有错也是别人错了，不懂得反省与进步。

③ "我不行，你和他也不行"

这种人嫉妒心极强，他们将时间都花在了怨恨上。

真正心智成熟的人在为人处事时，保持的是"他行你行我也行"的态度，他们处理问题时总是积极主动，从而能够在最短的时间内获得最佳的处理效果。

（2）做自己的生活观察家

为了更好地厘清自我，你可以尝试着问自己表格中的一些问题。

厘清自我的自问

● 我是谁？我是怎样一个人？

● 我的价值观是什么？我更看重什么？

● 我的优势、劣势在哪里？

● 我有什么性格特质？

如果用五个词来描述我的正面特质，会是哪五个词？

如果用五个词来描述我的负面特质，又会是哪五个词呢？

● 我能、我适合、我擅长和我喜欢的事情分别是什么？

● 和怎样的人相处我会感觉愉快，和怎样的人相处我感觉不舒服？

当你开始寻求这些问题的答案时，你会逐渐地成为自我观察者，并对自己的很多行为变得有所觉察。这种行为就如同人们常说的"观自在"一般：从自己的身上跳脱出来，站在外部一个更远的地方，如同观察他人一样观察自己。

"当局者迷，旁观者清"，若我们不跳脱出"自我"这一框架，便很容易迷失在自己的认识丛林之中。唯有将自己拉到更远的地方，脱离此时此地的自己，我们才能够将自己看清楚。

另外，做自己的观察者是一个很好的、厘清自己的方法，特别是从过往个人成功与失败的事件，我们更能认清自己——而遭遇了失败的痛苦，往往是一个人认识自己最直接也最有效的工具。

（3）利用5W1H工具厘清自我

利用"5W1H"工具可以帮助我们真正地厘清自己，那么，"5W1H"是什么呢?

5W1H，六问认清自己

Who：我是谁？在他人眼中我是什么样子的？将来我要成为什么样的人？

Why：有什么样的理由，我要成为那样的人？

What：我正在做什么？之前我做了什么？接下来我要做什么？

Where：当前我身在何处？未来我要去向何方？

When：我准备花多长时间来完成它？什么时候达成？

How：我要通过什么样的方式来达成？在这个过程中我需要做哪些改变和提升？达成它我需要什么条件和支持？

在上表中，这些问题的答案便是现在通往未来的地图，唯有如此，我们才不会走弯路，不会浪费太多的时间一次次地从零开始。最典型的例子莫过于那些频繁跳槽的人，他们从一个行业换到另一个行业，从一个职业转到另一个职业，对于他们而言，未来是模糊的，他们对于当前抱着逃避的态度，而这一问题得不到解决的话，这样的错误还会在下一次工作中发生。

一方面，认清自己是时间管理的大原则，在得到了自我的真实模样以后，我们便可以根据自己的长处、短处来具体安排自我生活，并将每一个对未来的设想落实到每日的具体工作中来，另一方面，认清了自己，人生思路和逻辑便会逐渐清晰，就如同早上的迷雾消散后，晨雾笼罩下的小路便会慢慢显现出来一般。在这种情况下，我们才会明白，当前着手的每一件小事都是在为未来筹集砝码，都是在为目标的达成积蓄力量，这样便会避免因为一点小麻烦、小挫折而痛苦，从而在不断的积累之中达到终点。

2. 俯视全局，从目标点逆时回推计算

我们费了时间与心血搭建起来个人管理系统，自然期望它可以正常而有效地运转，而使你的系统正常有效运转的一个非常重要的环节就是进行回顾。回

顾是在站在全局的角度上，从目标点进行逆向的回推与计算，通过这种回推与计算，我们可以发现个人计划的具体实施情况，同时也可以进一步地对计划进行有效的调整与回溯。从这一点上来说，做好回顾，便等于为自我计划实施与目标实现多定了一道双保险。

　　瓦尔斯·里格身为沃顿商学院最出色的后勤工作人员，有着自己独特的时间管理经验：除了拥有自我计划表以外，他还将时间管理的重点放在了每周回顾上。

　　每周回顾时，里格都会使用一张检查清单与一张触发清单，他将回顾的时间安排在了每周五下午，这一回顾通常需要一个小时。下面，我们可以看一下他是如何进行的。

　　0~15分钟：清空邮件／纸质便笺，将会谈笔记、新联系人、自己希望跟进的所有邮件进行归档。若有一条信息可以在一两分钟以内回复，他将回复它，但不研究与它相关的任何事情。

　　15~45分钟：回顾灵感、项目、日程约会，这是里格花费大量时间的阶段。他浏览自己的思想库（记录在一个小本子上），丢弃任何旧的想法，增加新的灵感，为自己可以做的事情分配日期，再清除那些旧的、已完成的任务，增加新任务。

　　45~60分钟：头脑风暴，里格返回自己的灵感银行，开始对自己的话题进行头脑风暴，包括准备写作、深入学习那些值得研究的项目以及值得注意的个人项目。

　　导致很多人讨厌回顾的原因在于，它总是占用很长时间。很多时候，有些人做每周回顾会花费2~3小时，中途更是会被打断多次，甚至还要更久。一旦一件事情占用了大量的时间，而同时我们又有其他的项目要忙，略过回顾这一关键环节自然就不足为奇了。可事实上，花费太多时间进行回顾，往往是因为个人回顾方法不正确。

在这方面，里格有一些建议可供我们参考。

（1）选择恰当的回顾时间

当我们知道了为何要进行事项清单的回顾以后，选择一个恰当的回顾时间也是非常重要的。虽然个人情况不同，但选择以下两个时间段进行回顾往往能够产生更积极的效果。

①每天工作第一眼时进行回顾

那种将工作清单带回家的做法是愚蠢的：它只会使你的工作压力延伸到生活中去。而当你将清单放在办公室时，你就将工作情绪也放在了那里。

一个聪明的做法是，将自己的清单固定在目光可以看到的位置，或者是放在抽屉里，或者是夹在文件夹里。每天上班正式开始工作以后的第一件事，就是看一眼所有的工作清单，就如同在战斗以前为自己穿好盔甲一样。

②每周定期进行回顾

你可以根据自己的实际情况来安排时间，但一定要保证每周进行一次回顾。每周定期回顾清单的好处在于，它可以帮助你重新审视自己的生活习惯、时间管理习惯，进而提升时间的利用效率。

相比于每日回顾的简单而言，周回顾对于个人目标的达成、时间管理的效率提升有着更重要的意义，因此，沃顿人往往会在周回顾上投入更多的时间与精力。

（2）知晓周回顾的作用

每周回顾可以选择在星期五的下午、星期六、星期天甚至星期一的上午，任意一个你觉得方便的时间，每个人的作息时间不同，生活习惯也不同，

在一周结束、下一周开始前进行周回顾非常有必要。

①回顾过去一周做了什么

这是周回顾的基本内容：回顾一下自己在过去一周都做了什么，有什么成就，总结一下得失，这是最基本的需求。

②检查跟进

进度往往是追出来的，一个计划制订出来的时候，就需要被监督执行，在

一个特定的时间点完成工作任务，对计划的落实非常有帮助。

设置了周回顾检查点，便可以很好地监督目标的落实情况，比如，里格计划每年完成20篇专业论文，那分解到每周便平均是每周需完成每篇论文的1/3。若里格无法保证每周完成这些内容的话，那么，其全年论文计划便会落空。

③保持更新

一年有365天，在一年开始的时候，很多人都会踌躇满志地计划今年要完成什么样的目标。但我们往往会有这样的感受：开始时感觉一年好漫长，但在年底时又会感慨一年过得好快。其实，一年就是由12个月、52周组成的。每周设置一个检查点，使自己时刻保持更新，便可以增加许多的灵活性。

（3）明确周回顾的四个方面

回顾是计划的基础，在本周回顾的基础上做下一周的计划是有针对性的，同时也是相对较为理性的。若是只有计划却没有总结的话，便会给人一种"拍脑袋"做决定的感觉。简单来说，周回顾可以主要包含以下几方面的内容。

①阅读本周的日志与时间日志

若你有记录时间日志的习惯，便可以在周回顾的时候进行一下统计，看一下本周的时间大概都消耗在了哪里。知道自己的时间去了哪里、哪些人与事占用了你最多的时间，这些数据可以对你的下一步行动进行有效的指导。

如果你有记录日记的习惯，那么，在进行周回顾时看一下自己在这一周记录下来的日记，可以帮助你将这星期的核心事件回顾起来。

②检查并跟进自我状态

在检查与跟进自我状态时，你需要对以下四项内容进行着重回顾。

•**日程表**

在进行周回顾时，查看一下本周内每一天的日程与下一周的日程，并关注重点事件。这种情况下，你可以清楚地知道，自己的哪些时间是被占用的，哪些时间是可以自由安排的，同时，将下一周的日程写入日程表中。

•检查任务清单

每周对当月任务清单的完成情况进行一下检视，一方面可以了解当月任务的具体进度，另一方面也有助于将行动安排到下一周的计划中去。在这一计划中，找出"下一步行动"非常关键，毕竟任务管理归根结底是对行动的管理、对多任务多行动的管理。在一周开始前，对每个任务对应的行动清单有清晰的了解，可以使我们对个人时间产生更多的掌控感。

•检查计划完成比例

个人月计划、年计划中，很可能有很多量化的内容，每周回顾一下计划完成的具体比例，有助于我们更好地调整下一步行动的具体方向。比如，里格计划每年完成 20 篇专业论文，但若在 25 周的时间过去以后，他没有完成 10 篇论文的话，他便会适当地调整自我进度，同时，这也是一个非常好的、检验个人计划是否合理的办法。

③进行下周计划

在进行本周回顾的时候做下周计划，这是一个较好的时间管理切入点：在"状态跟进"中，我们已经对任务清单、本周日程安排、计划具体执行情况进行了检查，在这一基础上，便可以顺理成章地安排下一周的日程与任务清单了。

④展望未来

一周 7 天过去，就意味着这一年 1/52 的时间也过去了——很多人并未意识到这一问题。在一周结束时，思考自己能为未来做些什么努力，往往可以产生更大的激励作用。

•梳理年度任务清单

在感受到时间流逝以后，每周结束时梳理一下年度任务清单，为年度任务找出下一步行动，往往能够令你更快速地找到自己的下一步行动。比如，你的年度计划中有一项是"考过雅思"。在一周结束以后，你便能够针对这一任务在本周的具体进展，找出下一步的行动：是要"寻找提升雅思作文的课程信息"，还是"进行雅思口语的专门训练"。每周多一个这样的动作，能够让你的年度计划推进得更快一些。

•准备将来清单

为自己准备"将来清单"是一个不错的展望未来的想法：这一清单可以用来写上那些一年期以上的远期计划，或者，你还未找出下一步行动、没有计划好的事情。

这些事情虽然是远期计划，或者存在着一定的不确定性，但每周拿出来回顾一下，使清单的内容保持最新状态，你便能够对自己未来将要走向何方拥有更多的明确性。

其实，你可以为自己设计很多固定的栏目，并在周末的时候去完成。将这些栏目固定下来，并非定期进行回顾，不仅能够节约脑力，不用再去思考这些事情要安排在什么时候去做，同时也容易形成惯性，使得任务变得更容易执行。比如，清理办公桌、购买打印纸、物品归位、购买办公文具等，都可以设定一个固定的时间来完成它们。

当你能够站在俯视全局的角度，去回顾自我计划清单的时候，你会发现，不仅你的清单内容得到了梳理，你的生活也变得规律了起来。

3. 在"一时一事"的前提下，完成下一步行动

大多数人都有过这样的经验：拿起一份文件，当对具体的处理措施不是很确定时，思绪便不由自主地落到了另一桩事情上，大脑也随之开了小差。不管第一件事有多么棘手、令你多么厌恶，或者第二项工作让你感觉更有把握、对你更有吸引力，注意力的转移都是一个危险的信号：你将手头的工作扔到一边，继而开始一项更简单、更重要或者更加有趣的事情，那么，前项工作便积压在了你的办公桌上——它并不会无缘无故地消失，更不会自动解决掉，最终，你还要腾出时间来处理它。

从 20 个世纪 80 年代开始，比尔·盖茨便会定期找机会静修一周，起

初，他只是为了安安静静、不受打扰地陪自己的祖母一周，同时读一下自己想读的书，构想一下微软的具体发展战略，但后来，这逐渐地成为他考虑重要事项时的一个集中精力的办法。

他特意在太平洋西北沿岸选择了一栋临水的普通小木屋，这座小木屋身处于一片浓密的雪松林中，四周优雅而宁静，室内布置得井然有序，其中只有一间不大的卧室供他起居之用。

在这一周时间里，盖茨闭门谢客，不管是家人还是微软的同事，都被告之不可打扰。每天，只有一个门房为他送两次饭。在这七天时间里，他远离尘嚣，将所有的心思都用在凝神思考IT业的未来上，而决不做其他的事情。

与"运用零碎时间来处理事情"的观点相比，沃顿商学院的管理学教授李尔·查登更推崇"整块时间的有效运用"。在他看来，每一位管理者，特别是知识工作者，想要有效而高效地工作，就必须要将时间进行整块的运用。若将时间分割开来进行零星的使用，纵然总时间相同，结果也肯定会造成时间不够用的结局，而一时一事则在很大程度上避免了将整块的时间分解，从而保障了时间的整体运用：一时一事的核心在于，它可以完全地杜绝其他事情插进来的可能性，使自我注意力高度集中的情况下，让工作状态处于最为喷发的状态。

因此，若这一时间段中，你的规划就是处理这项工作，除非找到了解决的办法，否则，便不要将它扔到一边。而另外，我们也需要面对这样一个问题：在坚持一时一事的前提下，我们应该选择哪一件事？其实，此时的"一事"就是"下一步行动"。

（1）了解项目与行动的区别

摆好咖啡、打开电脑，准备写作策划案了；随后，搜索资料，却又被网络上的八卦信息所吸引。浏览完信息以后发现，这个策划太难写了，以至于现在已经过去一小时，而你连一个字都没有写下来……很多时候，造成个人手足无措、效率低下、抗干扰能力差的原因之一往往是个人将"项目"当成了"行动"。

- 像"如何写作有关 ×× 企业的策划案"这件事情就是一个项目。项目并非单一的行动，而是由若干个单一行动所组成，就如同线是由点组成的、面是由线组成的一样。
- 行动则是可执行的步骤，"写作策划案"是一个项目，而"找到与策划案相关的资料""定义策划案的特色""使用 SWOT 分析法进行策划案分析"等则是单独的行动。

在明确了项目与行动的区别以后，再回想一下自己面对"如何写作有关 ×× 企业的策划案"时的迷茫，你会发现，"找到与策划案相关的资料"这项行动却在短时间内得到了你的重视。

（2）自问："下一步行动"是什么

"下一步行动"的定义很简单：任何已经确定、需要在两分钟以上才能解决的下一个单一的行动。

要知道，所有复杂的项目都是由若干个简单的"下一步行动"组成的。就如同一个巨大的毛线球一般，只要你找到它的线头，顺着线头，总能够将毛线理顺。可以说，下一步行动驱动着我们的生活。

下一步行动的好处在于，若你在接手一个项目时，先问自己"下一步行动是什么"的话，你会拥有更多的动力去将大型的项目分解成若干个"行动"，然后再从"行动"之中找到需要在下一步执行的行动。执行完该行动以后，再去找"下一个行动"。利用这种化整为零、分段实现目标的方法，整个项目便能够在"下一步行动"的驱动之下顺利完成。

（3）明确找出"下一步行动"的秘诀

将"找到产品的品牌定义"当成"下一步行动"不可行的原因在于，它只是一个普通的行动，虽然拥有一定的可执行性，但它并非"单一行动"。找出

"下一步行动"其实是有秘诀的。

①动词开头

如果你的行动清单上写着"电话""同事""策划案"等，你肯定会将它们放到一边置之不理。原因很简单：它们的行动性不强，因此，一个好的"下一步行动"应该是以动词开头的，比如"打电话给某某""回复同事的电话""写好一份策划案"等。只有以动词开头，才可使其拥有可执行性。

②内容清晰

在找出自己的"一事"时，我们应该尽量为大脑提供一个清晰的信号，避免大脑自己"擅自加工"，而大脑擅自加工的结果，就是将一些相关、不相关的信息一股脑地糅合在一起。比如，"打电话给某某"这件事情，虽然是动词开头，但对其描述并不是很清晰。你很可能会在打电话给对方的时候，与他在一些不重要的内容上东拉西扯了好长时间，以至于忽略了重点。

因此，在打电话以前，你需要明确这些内容：你需要在几点钟打电话？打电话的目的是什么？你需要针对哪些重点问题与对方沟通……这些都要你在行动以前一一落实，唯有一一落实，才能让内容变得更加清晰。

③描述结果

比如，"早上10点带着做好的策划案，到经理办公室进行可行性讨论"，这虽然已经算是一个不错的下一步行动了，但是，如果你能够对其结果进行描述的话，你便会发现，你描述得越清晰，它产生的能量便会越大。因此，你应在这"一事"后面添加上"并说服经理认同这一策划案"。

④设定开始的时间、周期、最后期限

在设定了这三个与时间相关的属性以后，你便可以更加合理地安排自己的时间、把握行动的进度，同时照顾到同事的时间。比如，在张贴会议通知时，写上会议的召开时间是"9点开始，需要一个半小时"，那么，你便可以做到在9点以前将自己的杂事都处理好，且在9点到11点半这一时间段内不再安排其他的事情，而参与会议的其他人，也可以根据这一点，更加合理地规划自己的时间。

如果你做到这些内容的话，那么，你便能更准确地把握好自己的"一时一事"。

（4）处理好压力与恐惧感

若你对"一时一事"抱有压力或者产生了恐惧感，那么，你就是在对自我执行力不自信。如果是这样的话，你可以利用以下方法来解决：

①设定目标

为自己设定目标，比如，完成"下一步行动"是为了获得更多的收入。在这一步骤中设定奖励也同样有效，比如，完成"下一步行动"后，便为自己购买渴望已久的一件物品。

②选择力所能及的部分

若不能够全部完成，那么，就完成你力所能及的部分吧！此时，最重要的不是将"一事"全部完成，而是建立起自信心。

③找出"一事"中最大的石头，并搬走它

浏览自己的"下一步行动"，同时找出你认为最困难、最难完成的一件事，并尽最大的努力去完成。之后你会发现，其他的事情已经不在话下了。

大多数人对工作都抱有良好的愿望：我希望可以尽力将所有的工作都搞定。但是，有些工作会超出自我能力与控制范围。对于这种情况，我们应确保自己不会毫无作为，而将目光转移到下一项的工作中，因为一旦转移到下一项工作中，这样的思维模式将不断地重复到接下来的每一项工作中，致使当天陷入效率的失控状态。

"一时一事"对于提升工作效率极为有用，它可以提高我们的注意力，同时，使我们意识到，当重要任务分配下来时，我们还能够激发能量、激情与灵感。这将有助于增加个人自信心，同时更避免了拖延的赞美，而这种对自我控制的成就感将会延伸到当天的每一个时刻，从而增加时间的利用效率。

4. 找到自己的价值观

所有的成功者都明白这样的事实：人生中所有的成功与快乐都来自于价值观的明确。这不仅是人生幸福的关键，更是时间管理的根本所在：每一个人内心中都深切地渴望可以过自己想要的生活，当你可以明确自己的价值观，并且按照自己的价值观过好每时每刻时，你会看到自己每天都精力充沛、充满激情地投入生活中去，并听到内心自我肯定的声音，时常感受到强烈的成就感，心中平和而又安详。不过，这一切发生的前提是，你得清楚地知道自己的价值观是什么。

沃顿毕业生布朗拥有自己的职业价值观，它是价值观在其工作中的具体体现。

- 管理：工作的目的与价值在于获得对他人或某事物的管理支配权，可以指挥与调遣一定范围内的人或事；
- 成就感：工作的目的与价值在于不断地创新、不断地取得成就、不断地得到领导与同事们的赞扬，或者不断地实现自己想要做的事情；
- 社会交际：工作的目的和价值在于能和各种人交往，建立比较广泛的社会联系和关系，甚至能与知名人物结识。

当他找到了自己的职业价值观之后，在处理工作中的事务时就得心应手多了，比如有这么两件事情同时需要处理，他能够更好地决定它们的优先级别：一件事情是解决一个公司所有人都没有办法搞定的技术难题，另一件事情是主持一个新项目的管理工作。按布朗现在的价值观来看，管理肯定是处在第一位的，因此他会选择主持新的项目。

而布朗也认为，如果放到 10 年前，那时候他的价值观和现在不一样，他更加注重成就感，因此他会充满激情地投入技术攻关中去。

从布朗的价值观变化中我们很容易得出这样的结论：价值观有可能因为经验的积累、阅历的增长、环境的变更而不断地调整。

布朗明确的价值观对他的人生与职业生涯起到了指导作用，这真是一件值得羡慕的事情——现实生活中大部分人并不知道自己的价值观是什么。其实，找出自我价值观并非难事，你可以通过一份《职业价值观自测表》来明确个人价值观。

职业价值观自测表

说明：下面有52道题目，每个题目皆有5个备选答案，请根据自己的实际情况或真实想法，在题目后面相应的字母下面画上"√"号。（评分标准：A 非常重要；B 比较重要；C 一般；D 较不重要；E 不重要。）

题　　目	评分标准				
	A	B	C	D	E
1. 你的工作必须经常解决新问题。					
2. 你的工作可以给社会带来看得到的效果。					
3. 你的工作奖金很高。					
4. 你的工作内容常常变换。					
5. 朋友、同学都很羡慕你的工作。					
6. 你可以在自己的工作范围内自由发挥。					
7. 你的工作带有一定的艺术性。					
8. 你的工作能使人感觉到你是团体中的一分子。					
9. 无论你怎么干，你总能和大多数人一样晋级和涨工资。					
10. 你的工作使你有可能经常变换工作地点、场所或方式。					
11. 在工作中你能接触到各种不同的人。					
12. 你的上下班时间比较随便、自由。					
13. 你的工作使你不断获得成功的感觉。					
14. 你的工作赋予你高于别人的权力。					
15. 在工作中，你能试行一些自己的新想法。					
16. 在工作中你不会因为身体或能力等因素而被人看不起。					

续表

题　目	评分标准				
	A	B	C	D	E
17. 你能从工作的成果中，知道自己做得不错。					
18. 你经常要外出，参加各种集会和活动。					
19. 只要你干上这份工作，就不再被调到其他意想不到的单位和工种上去。					
20. 你的工作能使世界更美丽。					
21. 在你的工作中，不会有人常来打扰你。					
22. 只要努力，你的工资会高于其他同年龄的人，升级或涨工资的可能性比干其他工作大得多。					
23. 你的工作是一项对智力的挑战。					
24. 你的工作要求你把一些事务管理得井井有条。					
25. 你的工作单位有舒适的休息室、更衣室、浴室及其他设备。					
26. 你的工作让你有可能结识各行各业的知名人物。					
27. 在你的工作中，能和同事建立良好的关系。					
28. 在别人眼中，你的工作是很重要的。					
29. 在工作中你经常接触到新鲜的事物。					
30. 你的工作使你能常常帮助别人。					
31. 你在工作单位中，有可能经常变换工作。					
32. 你的作风使你被别人尊重。					
33. 同事和领导人品较好，相处比较随便。					
34. 你的工作会使许多人认识你。					
35. 你的工作场所很好，比如有适度的灯光，安静、清洁的工作环境，甚至恒温、恒湿等优越的条件。					
36. 在工作中，你为他人服务，使他人感到很满意，你自己也很高兴。					
37. 你的工作需要计划和组织别人的工作。					
38. 你的工作需要敏锐的思考。					

续表

题　目	评分标准				
	A	B	C	D	E
39. 你的工作可以使你获得较多的额外收入，比如常发实物、常购买打折扣的商品、常发商品的提货券、有机会购买进口货等。					
40. 在工作中你是不受别人差遣的。					
41. 你的工作结果应该是一种艺术而不是一般的产品。					
42. 在工作中不必担心会因为所做的事情领导不满意，而受到训斥或经济惩罚。					
43. 在你的工作中能和领导有融洽的关系。					
44. 你可以看见你努力工作的成果。					
45. 在工作中常常要你提出许多新的想法。					
46. 由于你的工作，经常有许多人来感谢你。					
47. 你的工作成果常常能得到上级、同事或社会的肯定。					
48. 在工作中，你可能做一个负责人，虽然可能只领导很少的人，你信奉"宁做兵头，不做将尾"的俗语。					
49. 你从事的那种工作，经常在报刊、电视中被提到，因而在人们的心目中很有地位。					
50. 你的工作有数量可观的夜班费、加班费、保健费或营养费等。					
51. 你的工作比较轻松，精神上也不紧张。					
52. 你的工作需要和影视、戏剧、音乐、美术、文学等艺术打交道。					

评分与评价：

上面的 52 道题分别代表 13 项工作价值观。

每选一个 A 得 5 分；

每选一个 B 得 4 分；

每选一个 C 得 3 分；

每选一个 D 得 2 分；

每选一个 E 得 1 分。

请你根据下面的评价表中每一项前面的题号，计算每一项的得分总数，并把它填在每一项的得分栏上，然后在表格下面依次列出得分最高和最低的三项。

得　分	题　号	价值观	说　明
	2、30、36、46	利他主义	工作的目的与价值，在于直接为大众的幸福与利益尽一份力。
	7、20、41、52	美感	工作的目的与价值，在于可以不断地追求美的东西，得到美感上的享受。
	1、23、38、45	智力刺激	工作的目的与价值，在于不断地动脑思考、学习以及探索新事物、解决新问题。
	13、17、44、47	成就感	工作的目的与价值，在于不断创新、不断获得成就、不断得到领导与同事的赞扬，或者不断地实现自己想要做的事情。
	5、15、21、40	独立性	工作的目的与价值，在于充分地发挥自我独立性与主动性，按自己的方式、步调或者想法去做，不受他人干扰。
	6、28、32、49	社会地位	工作的目的与价值，在于所从事的工作在人们的心目中有较高的社会地位，从而使自己获得人们的重视与尊重。
	14、24、37、48	管理	工作的目的与价值，在于获得对他人或某事物的管理支配权，可以指挥与调遣一定范围内的人或物。
	3、22、39、50	经济报酬	工作的目的与价值，在于获得优厚的报酬，使自己拥有足够的财力去得到自己想要的东西，令生活过得更加富足。
	11、18、26、34	社会交际	工作的目的与价值，在于可以与各种人交往，建立起比较广泛的社会联系与关系，甚至可以结识知名人物。
	9、16、19、42	安全感	不管自己能力如何，希望在工作中拥有一个安稳的局面，不会因为奖金、工资、调动工作或者领导训斥等经常提心吊胆、心烦意乱。

得　分	题　号	价值观	说　明
	12、25、35、51	舒适	希望可以将工作作为一种消遣、休息或者享受的形式，追求比较舒适、轻松、自由、优越的工作条件与环境。
	8、27、33、43	人际关系	希望一起工作的大多数同事与领导人品较好，相处在一起感觉愉快，认为这本身就是一件有价值的事，并能从中获得极大的满足。
	4、10、29、31	变异性	希望工作内容经常变换，使工作与生活显得丰富多彩，不单调枯燥。
得分最高的三项是：1._____ 2._____ 3._____ 得分最低的三项是：1._____ 2._____ 3._____			

从得分最高与最低的三项中，可以大致看出个人的价值倾向，在工作过程中可以当作评估优先级别的具体标准。

如果你身边的同事也愿意做这样的职业价值观测试的话，你会发现一个非常奇妙的现象：平常和你关系比较密切的同事，他们得分最高的三项和你是差不多的，关系比较疏远的同事则恰恰相反。这说明了一个问题：价值观是我们看不见的触角，当你和其他人接触的时候，总是会先用触角感应一下对方是否和你是一类人。

当然，对于这些你可能一无所知，但是你确实在这么做！今后在你挑选自己的伙伴或者合作者时，不妨先考虑一下对方的价值观是否和自己相符。而找出那些与自己的价值观相符合的同伴，并与之携手同行，不仅能够极大地提升个人工作效率，同时也可以使个人在沟通、合作过程中浪费的时间大大减少。

明确地把握自己的价值观，并在找出自己的价值观之后，将它们写在一张卡片上，将卡片放在你抬眼可见的位置，通过持续的关注来不断地巩固、修正它——这很重要。

5. 从做事有条理迈向高自由度生活

在贯彻时间管理的过程中，一个人做事的节奏与连贯性非常重要。很多人做起事情来不仅效率低下，而且总是心浮气躁，其原因就是因为他们做事没有条理，不断地在多个任务之间来回地切换。每一次的任务切换都需要我们的大脑去花费时间重新适应，于是，大量的宝贵时间被这样浪费掉。对于这种时间浪费，写代码的程序人员肯定深有体会：在写了半小时的程序以后，接到一个电话讲 20 分钟后再写，结果又被打断——这样的工作效率是不会高的。

1927 年，德国心理学家蔡戈尼克做过这样一个实验：她将 22 种不同的任务交给了一些人，有一半任务要求他们坚持完成，完成以后才结束；另一半任务则要求他们中途打断，不要求完成。这些允许完成与不允许完成的任务的出现是被随机排列的。

做完实验以后，蔡戈尼克让受试者立即回忆刚刚自己做了些什么任务。结果，未完成的任务平均被回忆起来的概率是 68%，完成的任务平均被回忆起来的是 43%。这种对未完成任务的记忆比完成任务的记忆保持得更好的现象被称为"蔡戈尼克效应"。

"蔡戈尼克效应"所反映的，正是做事的条理性：做事有条理，往往能够令大脑记忆力更加集中，而我们在之前便已经提到过，注意力集中是获得时间高效的前提与基础。

现代生活匆忙而烦乱，因此，做事有条理往往会让时间管理变得更加有效率。据心理学家们统计，有 25% 的人天生就有条理感，可是，若我们是那 75% 没有条理的人的话，我们应如何让自己变得有条理？而变得有条理为什么如此重要呢？

可以想象，做事的条理性对于时间管理非常关键，因为那会提高我们的办事效率、减轻压力，而且能够增强我们的控制能力，更好地分配时间、空间与活力去塑造个人生活。同时，做事有条理意味着我们拥有更多的时间留给自己，同时也会给自己带来巨大的自我满足感与内心和谐感。更重要的是，你会成为那类能掌控自我人生的人。

条理性会给我们带来很多的好处，因为杂乱会阻碍我们拥有成功、健康、快乐和金钱，还会设置物质上、精神上和情感上的障碍。一丝不苟、井井有条的办事态度带来了空闲，我们可以用自己所热爱和珍惜的东西去填补它们，进而丰富个人生活。不过，虽然条理性拥有如此多的好处，但现实生活中依然有很多人不懂得如何让自己的生活拥有条理性。

如何在一团杂乱的生活中重建秩序？沃顿人认为，想要达成这一目的，只需要遵循条理性的几个主要原则即可。

（1）拥有决心

世人大多抵触改变，因为改变势必会带来最初的不适感，而这种不适感又会带来无助与恐惧的情绪。但若你没有改变自己的决心，那你永远都不会有进展。下决心是使个人生活变得有条理的过程中最困难的部分，但同时也是最有用的部分。而且，当你下定决心要改变现在的混乱生活，让自己走入有秩序的人生中去以后，那些不适与无助都会慢慢地好转。

（2）学会在清洁上投入精力

为了增加信心，条理性应从看得到效果的地方首先开始，所以，你需要在自己的优先事务清单中添加上"清洁"一项，并如同自己在搬家一样，先处理自己办公室、家中那些显而易见的物品，对它们进行分类、回收、赠予、保留、整理、维修和清理。

如果可能的话，你应该给每一个物品都找到一个固定的放置地点，必要的时候为它们安装一个装置。一旦物品有了固定的放置地点，你就必须要强迫自己：一定要将用完的东西放回固定的地点。在看得见的物品处理好以后，再对抽屉与壁橱里的东西进行整理。

（3）利用好每一分钟

你很可能没有办法一次花费上两天的时间去进行家庭大清理工作，但是，在工作的间隙，你总会有一些空余的时间，而有条理的另一项内容就是让空闲的每一分钟都有价值。比如，若你有两分钟的话，你可以将书桌上的一堆笔分类放置一下，将那些不能再用的笔扔掉；有五分钟的话你可以打一个有用的电话；有十分钟的话你可以将那些未回复的电子邮件回复一下。

试试这些技巧，看一下效果如何。随着技巧的不断熟练，你会发现，这些小动作带来了巨大的成就感，你的工作环境、家庭环境都变得井然有序了起来，而这不仅令你心情愉悦，更提升了你的工作效率。

（4）对自己保持严格

想要保持有条理的生活，你就必须要对自己严格起来。比如，当你打扫完家以后，想要让家庭保持整洁有序的话，最简单、性价比最高的一个方法就是，在你离开的时候，将东西放回原位。胶水用完了，放回抽屉里；报纸读完了，放到报纸盒子中。"放回"这一动作很可能只需要你走几步路、花费几秒钟的时间，但它却可以避免你的工作台、桌子、椅子淹没在到处乱放的物品里面。

想象一下：你走到一个房间里，里面干净舒适，以至于你愿意待在里面很久去阅读自己最爱的书籍，或是完成自己最重视的工作，那种心情该有多么平和。

（5）为自己设定目标

设定目标的重要性我们早已反复地强调过，但设定目标对于条理性的重要性你可能还未意识到。设定目标并将它写出来，这是看到进展发展最好的办法，花些时间，来决定一下自己的条理性目标是什么，你打算多久达到目标吧！

步骤越详细越好，这样一来，你就可以分步完成自己的挑战。在一段时间以后，你可以自问一下："我完成目标了吗？"记录下来，留下自己在条理化人生中进步的轨迹。

此外，想象一下提前完成任务的骄傲感吧！它会让你对条理化更有信心。

总之，就如沃顿人乐于讲述的那样：我们应该记住，向着更强条理性迈出的每一步，都会令我们距离更高自由度更近一步。

6. 借助不被打扰的时间，提升个人生产力

不断地被打扰是一件非常令人苦恼的事情，就如同睡觉一样，如果在熟睡中被打扰醒来，就必须要从头开始，回到前几个阶段重来。最常发生的情况是，有时候你会发现，当你七点钟起床后想，天啊，我没有睡好，但我的确有睡觉——我爬上床、躺下，却没有真的睡着。这其实与我们的工作有着相似之处：我们说去睡觉，并不是一倒下就能睡着的，"进入梦乡"这件事情是需要一段时间、一点点慢慢来的，如果被不断干扰的话，当然睡不好。工作也一样。

休利特博士是宾夕法尼亚大学中的一位心理学研究者，他对沃顿商学院出身的一些管理者进行细致的研究。他发现，通常大家上班时会将一个完整的工作天分成很多片段，这些工作日已经不是"天"，而是"片刻"来计算。在进入办公室以后，就如同水果进入榨汁机一样，一天就这样被榨成了片段：这里 15 分钟、那里半小时的拼凑往往是一种常事。

你很可能需要在做某项工作的时候先分神去处理一些其他的事情，回来以后再专心工作 20 分钟，就已到了午餐时间；然后又有其他的事情要做，再专心工作 15 分钟；之后有人跑来问你一些问题——等你回过神来，五点钟的下班时间已经到了。此时，回顾一整天时间，很多人会发现，自己什么事都没有做。

休利特认为，那些如作家、工程师、设计师一类有创意的人，由于其工作必须要思考，因此更需要连续的、不被打扰的时间才能够将事情做好。通过对

管理者、创意人群两类人进行研究，休利特指出，若想提升时间安排的效率，普通人也应为自己设置不被打扰的时间段。这是一个神奇的时间段，因为它总是能够给我们带来惊喜，让我们的生产力成倍地提高。

（1）用不被打扰的时间做什么事情

具体来说，不被打扰的时间可以用来做以下事项。

①如职业规划、人生规划一类的规划

这些规划对我们的未来具有指导性的意义，因此，在不被打扰的环境中认真地思考、仔细地琢磨是非常有用的。

②总结与回顾

每周回顾环节就非常适合放在"不被打扰的时间"里进行。乍看上去，好像回顾既浪费了时间、又没有什么产出，它并不能帮助我们提升工作效率，更不能帮助我们做好项目管理，但事实上，无法很好地回顾过去，便不能更好地面对未来，而进行积极的总结与回顾，可以帮助我们积累经验，以便下一次更好地提升工作效率、做好项目管理。

③策划

有些时候，我们需要针对某一具体的项目进行一次从上到下、从里到外的策划，比如，你要对自己主管的某一项目进行一次策划，那么，你就必须要将足够多的时间用在统筹与安排上。在这种情况下，若不为自己开辟一个不被打扰的时间，便很难有一个完整而清晰的思路。

④读书

现代人多认为自己很忙，以至于忙得没有时间看书与学习，但这种忙碌多是假象，他们多是因为未能认真地为自己规划一个完整的读书时间或者学习时间而导致的。如果你是一个重视个人能力提升的人，那么，你便完全有必要为自己专门设置一个时间段去看书或者学习。当你给自己规定了这样一个时间段以后，自然便会将那些不重要的应酬与约会推掉，而这便是所谓的"挤时间"。

⑤创意

"头脑风暴"的形式有两种，一种是团体式的，另一种是单独式的。团体式的头脑风暴，其目的在于通过交流彼此的经验与想法，达到扩展思路、开阔视野的目的；单独的头脑风暴，则在于对自我灵魂与能力进行挖掘，达到洞悉自我的目的，但这两种形式都需要一个相同的条件，即拥有不被打扰的时间。

（2）做好准备，为自己留出"不被打扰的时间"

一般情况下，不被打扰的时间应被设置成超过半小时，否则便很有可能还未进入状态之中，就要匆忙地结束了。在这段时间里，我们应该做好以下事项。

①做好一切准备工作

为了避免所有人与事的打扰，我们可以：

- 将茶叶／咖啡泡好，放在面前，避免因为口渴倒水而浪费时间；
- 让身体保持舒适、放松的姿态，可以盘腿坐在地上，也可以躺在舒服的椅子里；在思考的过程中可以闭上双眼，这样能够在很大程度上集中精力；
- 取出如笔、纸、录音笔、摄影机一类的记录工具，并将它们放在触手可及的位置上；
- 再想眼下是否有很想去做的事情，如果有的话，立即去做，或者干脆打消这个念头。

②让自己的心完全平静下来

就如同练习空手道动作以前的"就绪"状态，或是瑜伽锻炼中的"身心结合"状态。在平静自我的过程中，做到以下内容可以帮助我们更快地进入状态。

- 将大脑里的东西全部剪切出来：一旦发觉脑袋中有东西干扰你进入状态时，便将大脑中的所有东西全部写在一张纸上，哪件事情放不下便将哪件事情写下来，这样子感觉会好很多，虽然它还在那里，并没有被处理，但因为由大脑转移到了纸上，我们的大脑便可以不再担心自己会遗忘这件事情——很多时候的压力，都是因为担心遗忘的不安全感造成的。

- 将信息输入源的干扰切断。有时候，眼睛是产生干扰的主要源泉。比如，看到开着的电脑，你很可能会想："是不是该看看邮箱了？"看到文件夹后，你会联想到有哪份文件还没有处理好。当我们看到某样东西时，大脑往往会不由自主地联想到与它相关的信息，这种视觉干扰会成为我们进入状态的最主要干扰。因此，当你无法进入状态时，不如试着闭上眼睛。

此外，如果你不喜欢太过安静的环境，你可以使用很低的声音播放一些舒缓的背景音乐来帮助自己进入状态。

- 固定时间段：个人生物钟有时会决定我们进入状态的快慢，而在每天的固定时间段设置不被打扰的时间，则可以在帮助自己更快进入就绪状态的基础上，养成良好的集中注意力习惯，并能帮助安排好日程。

③进行"头脑风暴"

在进行"头脑风暴"时，要特别注意做记录的时机与方法。有些人喜欢采用录音笔，这种方式的好处在于，只要在"头脑风暴"的过程中将想到的东西说出来便可以。不过，这样做也有一个缺点：在想要提取灵感时比较麻烦。

用纸笔进行记录时，往往会依据于每个人习惯的不同而有所区别，比如，有些人喜欢想到哪里便写到哪里，将自己想到的东西随时记录下来，但这样做会造成思维的不连贯，毕竟纸笔记录的速度跟不上大脑思考的速度。不过，若长时间坚持这一方法的话，个人潜意识便可以协调两者的协作关系。

有些人则喜欢将"头脑风暴"思考出一个比较成形的东西以后再做记录，这样做的好处是一步到位，而坏处则是，很可能在灵感未成形以前便丢失了灵感。

总之，没有最好的办法，只有适合个体的办法。我们应该在实践的过程中，尝试着通过多次的运用去找出那个最适合自己的方法。

④一定要进行思路的二次整理

在不被打扰的时间快要结束时，你的记录工具纸上或者录音笔上应该到处都充满了星星点点的灵感，赶紧将它们汇总与整理到一起，使自己理出一个思路来：

- 我思考了哪些问题？
- 得到了哪些思路？
- 哪些行为是可行的？
- 哪些是或许有可行性的？
- 下一步要怎么做？

（3）在晚上设置不被打扰的时间

休利特建议，将不被打扰的时间段设置在晚上 8：00~8：40。这一时间段是最好的，因为在晚上的这一时间，一天的工作已经完成，个人往往处于最放松的阶段；40 分钟的时间设置则是根据一般人集中精力与保持精力的时间估算出来的。

此外，休利特认为，如果个人可以做到以下几点，那么，不被打扰的时间将会获得更好的效果。

①提前与家人约定好，在晚上 8：00~8：40 不要来打扰你，这个时候，你可以将自己关在书房里专心做自己的事情。

②关掉一切通信工具，比如电脑、电话等，如果你是一个被公司要求 24 小时必须开机的工作人员的话，你可以将手机设置成静音，这样一来，你既不会破坏与公司的约定，又可以做到有信息时及时知晓。

③若房间不够隔音的话，比如说，外面电视的声音会传进来，那么，你可以播放一些较为舒缓的轻音乐来掩盖一下。

④进入就绪状态以前，让自己放下所有的杂念。

在进行时间管理的过程中，对于那些追求工作效率的同时，又追求平衡工作与生活的人而言，最重要的就是要把握两点：第一，将事情做对；第二，做对的事情。当我们在正确的方向上做正确的事情时，我们才能够达到上述目标，否则的话，越是用力，便越会远离目标，而不被打扰的时间恰恰为我们提供了这样一个机会：它让我们能够认真地计划自己的将来，系统地考虑整个项目，同时还能够站在某一高度上思考人生，更能高效地完成手头的任务。事实上，仅依据于它能够帮助我们更有效地组织自我工作与生活这一点，我们就应该更慎重地对待它。

7. 依据目标，用 PDCA 管理形成良性循环

依据时间管理提升个人生命质量是每一个有志之士都会选择去做的事，而提升个人生命质量不是百米冲刺，更不会如撑竿跳那样一飞冲天——它更像是一场马拉松。每天、每周、每月、每年，每一个人生阶段，我们都要不断地坚持时间管理，从这一个管理的循环迈入下一个管理的循环，从今日的循环进入明日的循环，从本周的循环进入下一周的循环……周而复始中，唯懂得坚持、坚持、再坚持，才能在日积月累的改进中，积累出时间优势，从而达成目标。

沃顿商学院管理学博士亚拉雷·齐格克认为，不管是入职还是鼓起动力时，很多人在最初之时都会抱有美好的期望：刚毕业的大学生会憧憬自己的第一份职业；怀才不遇的人会在鼓起勇气后再次寻找能够全面发挥个人潜力的好去处；感觉工作枯燥、渐渐对职场心生厌倦的人渴望一个新的环境；雄心勃勃的人哪怕失败过，也准备再次开始自己的创业大计。

"对于普通人而言，微软的比尔·盖茨、苹果的乔布斯、Facebook 的

扎克伯格都是成功的象征；IBM、宝洁、苹果则是有志之士的向往之地；高收入、高福利、公司稳定、压力小、发展前景好……这些都是大家心目中的优良指标。但是，如何将这些带有美好希冀的目标转变成美好的现实，很多人并不知道。"

齐格克认为，一个人拥有了明确的目标，还要有明确而详细的实施计划，更需要白纸黑字地将它写下来。在从"写下来"到"具体实施"的过程中，我们需要不断地修订、总结、回顾，而 PDCA 循环系统则是协助我们完成这些步骤、使目标系统更好完成的经典系统。

管理界的人对 PDCA 循环系统并不陌生，它是质量管理活动中的重要内容。实际上，PDCA 循环不仅仅是有效进行任何一项工作、合乎逻辑的工作程序，由于其精髓是在精益求精的基础上，不断地总结、再总结，完善管理与执行中的每一个环节，因此，这一理念也同样适用于时间管理领域中目标实现的循环利用。

事实上，当我们将 PDCA 循环引入时间管理中后便会发现，自我目标管理活动的运转，离不开 PDCA 循环的转动，而改进与解决目标管理过程中的问题，实现每一个目标，包括每一阶段性的分目标，同样都要运用 PDCA 循环的科学程序。

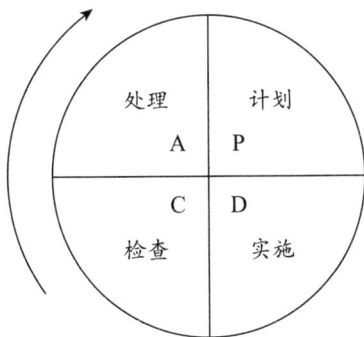

处理 A	计划 P
检查 C	实施 D

（1）P（Plan）计划阶段

一个人在开始自我时间管理之旅以前，必须要先有目标。目标的制定可以让你清晰地明白自己究竟想要什么。是要有保障的生活，还是良好的学习机会？是彰显的名声，长期经营的事业，还是积累更多的财富？

不管你做什么，当你明白了自己真正想到的目标时，就需要为这一目标制订一个详细的执行计划。计划是你的实际工作目标，而这一计划可以是我们提到的日计划、周计划、月计划……也可以是针对某项工作制订出来的具体计划。比如，为自己定下时间表，告诉自己在一年以后要做成什么样，两年以后要做成什么样。如果有可能的话，还可以将目标进一步划小，将时间分得更加精确，如此一来，便可以让你知道自己接下来该干什么。

（2）D（Do）实施阶段

实施又称"执行"，在执行阶段，要实施上一阶段所计划的内容，比如，根据某一分支目标进行行动设计，以及在计划具体执行以前进行自身能力的培训。它只有一个步骤：执行计划，即依照计划全面推行。

沃顿人认为，执行力就如同一个乘式中的乘数，执行力弱的话，另一个乘数再大，其结果也是枉然。由于执行不力而导致失败的大有人在。他们的悟性并非不高，他们对于目标管理中的一些问题的想法并非不透彻，但在执行过程中却因为缺乏强而有力的执行，而导致目标无法落地生根。而想要提升执行力，就需要通过发掘执行力的基因，来认识问题产生的根源，形成一种正确的思维方式，以此保证执行力的健康成长：

个人执行力开发六问

① 为什么要制定这一措施？

② 我要达成什么目标？

③ 我要在何处执行？

④ 如何将其完成？

⑤ 什么时间完成？

⑥ 怎样执行？

（3）C（Check）检查阶段

检查即在目标执行过程中或者在执行以后，对行动结果进行检验。具体来说，它是指将目标实施的结果与计划进行比较，以检查结果是否与目标实施的进度相一致。若与预期目标结果出现了偏差，则要分析并查找出相应的原因。

有志于改变自我命运者在工作一个阶段后，都应反省自己今日所做的与明天的目标还有多远。若以其他人做参照的话，也可以了解一下自己的选择与努力是否能够让自己成功。拿自己的现在和过去比，拿自己和别人比，拿现状和目标比……或许，比出的结果会让你产生痛苦，但这是走向进步不可缺少的反省。

（4）A（Action）处理阶段

处理阶段主要是针对检查的结果拟订出相应的措施计划，或者设定新的改进目标，以防止原来的问题再次发生。若是执行偏离了目标，就要修正自我行动；若是目标偏离了实施，就要修正目标，返回到"P"的第一步，并重复上述四个步骤，直到达成自我预期目标，获得成功。

这一阶段的另一作用在于巩固已获得的成绩，并令成功的经验尽可能地成为自我时间管理标准，而遗留下来的问题也不需要立即解决，而是可以转入下一个PDCA循环中去解决。比如，面对失利的目标，在反省以后，你可能会得到一些结论，而结论可能会让你满意，也可能会让你失望。想要在失望中崛起，就要学会将获得的经验与教训带入下一个PDCA循环中去。

（5）明确四阶段的八步骤

PDCA循环的四个阶段具体又可分解为八个步骤：

①分析与评价现状，指出目标实现过程中所存在的问题；

②确定改进的目标，提出各类修改方案，并从中选择一个最理想的方案；

③从影响实施的各类原因中找出主要的原因，并寻找有可能的解决方法，同时按照决策方案，编制具体的活动计划，随后下达执行，以实现这些目标；

④根据主要原因制定解决的对策，同时对这些解决办法进行评价并作出具体的选择（这也是第二阶段D——实施阶段的具体化）；

⑤实施选定的解决办法，同时检查计划的执行情况，并评价执行的成绩；

⑥分析、评价实施的具体结果，以确定这些目标是否能够实现，并对发现

的问题进行科学分析，以找出问题产生的原因；

⑦对发生的问题提出解决的办法，更式采纳、更改，并在将成功的经验总结出来后，制定出相应的标准；

⑧评审具体结果，以确定是否存在进一步改进的机会，同时，将尚未解决的遗留问题或者新出现的问题转入下一个 PDCA 循环里予以解决。

实施过程中我们需要格外注意的是，在时间管理过程中引入 PDCA 循环这一推动管理进程、发现与解决问题的有效工具，四大步骤缺一不可，而且必须呈现为闭环系统。系统的每一次循环，都是为了保证目标的实现。值得一提的是，PDCA 循环中，A 是关键环节，若无此环节，那么已获得的成果便无法巩固；若个人对目标实施过程中出现的问题认识不足，也就无法提出上一个 PDCA 循环遗留下来的问题。所以，运用此工具时，应格外关注 A 阶段。

图书在版编目（CIP）数据

沃顿商学院时间管理课 / 穆然著 . —修订本 . —北京 : 中国法制出版社，
2018.8

ISBN 978-7-5093-9641-4

Ⅰ . ①沃… Ⅱ . ①穆… Ⅲ . ①时间—管理—通俗读物

Ⅳ . ① C935-49

中国版本图书馆 CIP 数据核字（2016）第 167469 号

策划编辑 : 杨　智

责任编辑 : 孙璐璐　　　　　　　　　　　　　　　　　　封面设计 : 汪要军

沃顿商学院时间管理课
WODUN SHANGXUEYUAN SHIJIAN GUANLIKE

著者 / 穆然

经销 / 新华书店

印刷 / 三河市紫恒印装有限公司

开本 / 710 毫米 × 1000 毫米　16 开　　　　　　　　印张 / 14.5　字数 / 171 千

版次 / 2018 年 8 月第 2 版　　　　　　　　　　　　2018 年 8 月第 1 次印刷

中国法制出版社出版

书号 ISBN 978-7-5093-9641-4　　　　　　　　　　　　定价 : 39.80 元

　　　　　　　　　　　　　　　　　　　　　　值班电话 : 010-66026508

北京西单横二条 2 号　邮政编码 100031　　　　　　传真 : 010-66031119

网址 : **http://www.zgfzs.com**　　　　　　　　　　**编辑部电话 : 010-66038703**

市场营销部电话 : 010-66033393　　　　　　　　　**邮购部电话 : 010-66033288**

（如有印装质量问题，请与本社印务部联系调换。电话 : 010-66032926）

顾问委员会

李贵香　　邵　雯　　宋　琛　　宋可力　　韩　博
马玉波　　李　晨　　聂海荣　　裴　昕　　王荣丽
徐宪江　　荣丽双　　杨立群　　冯美华　　杨　宇
孙明然　　王福振　　王　欣　　任　珊　　唐　菁
周　龙　　刘凤英